やっぱり「仕組み化」

久野康成
東京コンサルティンググループ代表
公認会計士

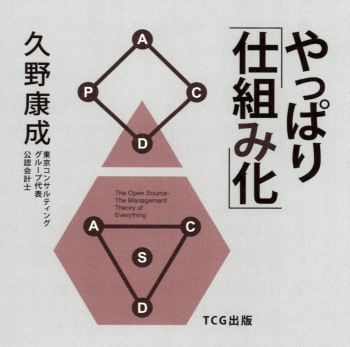

TCG出版

プロローグ

「仕組み化」が遅れた組織は、成長がストップするか、成長によって崩壊する

　私は、2006年、中国進出を皮切りに、2007年インド、2011年からASEAN諸国に新たな市場を求めて海外進出をしてきました。

　海外進出は、一筋縄でできるものではなく、沢山の失敗を繰り返しました。

　失敗には3つのパターンがありました。
①子会社を作ったものの新規顧客が全くできず、**開店休業**になる
②日本人駐在員の仕事がいっぱいになった時点で売上の**成長がストップ**する
③社員の力量以上に仕事が増えた場合、**組織は崩壊**する

　上記は、海外子会社を作った時に私が体験したことですが、日本の中小企業でも全く同じことが起きます。

　第1のケースは、経営者として独立したものの顧客開拓に失敗し、廃業するケースです。

　このようなケースは山ほど存在します。

　単に経営者の力量不足として片付けられるため話題にもなりません。

　第2のケースは、多くの**中小企業が陥っている**状態です。

　幹部が仕事に追われ、忙しがっているため、仕事を増やすことができず、**長期にわたり成長がストップする成熟期**が続く状態です。

当社にも品質問題や、顧客からのクレームを恐れて仕事量を調整しながら業務を行っている社員もいます。

　社員は仕事を忙しがり、かつ、決算書上も損失が現れることがないため、圧倒的な**「機会損失」**を生んでいることに気づきません。

　このようなことを長年にわたって行っている中小企業は、**イノベーションが起きないため、いつの間にか「衰退期」**に入ってしまいます。

　第3のケースは、**組織の管理能力を超えて仕事が増加**したり、前任者が属人的に仕事をしていたために、引き継ぎに失敗するケースです。

　これは、最悪の**組織崩壊**を生みます。

　私は、上記の3つに関して、海外子会社管理を通じて、全て経験してきました。

　第1のケースは、**経営者の「営業能力」**の問題なので、解決することが困難です。

　社員の問題は解決できますが、経営者の問題は、自分で解決するしかありません。

　第2と第3のケースは、**「マネジメント」の問題**なので解決方法はあります。

　これが本書のテーマである**「仕組み化」**によって解決する方法です。

　私が独立した時、ゼロからのスタートだったので、最大のテーマは「新規顧客の獲得」でした。仕事をこなすことは、知識・技術・経験があればできますが、**自分の時間を使いつくした時に限界**が来ます。

　フリーランスで働く人、一人親方で働く人は、このトラップに陥ります。

　企業の成長は、最も足りない**「経営資源」が制約条件**になります。

　これが、**トップの「時間」**になるケースです。

これを解消するためには、トップと同じように知識・技術・経験を持つ人を雇い、仕事を移管させることです。

しかし、有能な人材にも限りがあります。
次の制約条件は、有能な人材が雇えなくなった時に発生します。

これが、多くの中小企業が陥っている状態です。

では、ここでいう**「仕組み化」**とは、何でしょうか？
これは、**知識・技術・経験が乏しい人材でも、十分な知識・技術・経験を持った有能な人と同じように仕事をこなし、品質問題を起こさないようにする方法**です。
これを私は、**「プロセスイノベーション」**と呼んでいます。

この「仕組み化（プロセスイノベーション）」に成功した企業は、中途採用より新卒採用を中心に行うことができます。
そこには、**「人を育てる仕組み」**があり、新卒社員であっても品質問題を起こさない仕組みがあるからです。

仕組みを作った企業は、**「即戦力」にこだわっている企業より採用の選択肢が増える**ため、圧倒的に人材採用が有利になります。

このように「仕組み化」に成功するか否かは、中小企業にとって非常に重要なテーマです。

以下は、私が「仕組み化」に失敗したために問題に直面した海外駐在員の実録です。

最初にタイ法人から見ていきましょう。
東日本大震災のちょうど当日、震災が起きる数時間前に最初の赴任者は日本を飛び立ちました。2011年3月にタイ子会社はスタートしました。

しかし、タイ市場は、既に成熟しており、新規開拓に苦戦しました。

最初の赴任者は、1年超の期間を経ても開拓できた顧客はたったの3社でした。

その後、転職。

本社から立て続けに2名を送るものの状況は改善せず、4人目にしてやっと立ち上がりました。

4人目の赴任者は、非常に優秀で年商も5,000万円まで増加しました。

私が将来、グループのトップを任せたいと思っていた人物でしたが、結婚を契機に私の経営方針と対立し、そのまま、タイで独立開業。

その部下であった新卒駐在員に引き継ぎをしたものの実力的には大きな差があり、タイ法人のコントロールができない状態ですぐに退職を決意。

そのような中で、6人目として赴任させた社員の物語です。

タイ：駐在1年目に売上50％減少（2017年〜）駐在員：高橋のケース

新卒2年目、世間一般では新米社会人、英語もしゃべれない状態でタイ拠点長に任命され赴任しました。

「タイは一から立て直しだから代わりの上司が来るまで、とりあえず今の業務を引き継げ」

この言葉を代表から受け、拠点の状態はどれほど荒れているのかと内心びくびくしながら、オフィスに行ってみました。

しかし、スタッフは普通に働いているし、笑顔で迎えてくれるスタッフもおり、赴任したての時は「どこが大変なのだろう？」というのが第一印象でした。

その1週間後、代表がタイに来て当時のスタッフ12名を集め、当社の経営理念や働き方などの話を始めた際に、全社員が明らかに反発的な態度をとり、声を荒らげるような社員もいました。

この時初めて、全社員が会社に対して不満を持っており、「今すぐにでも辞めてやるぞ」という姿勢で当社に籍を置いているだけだと分かったのです。

この時、気づいたのは、私がタイの責任者として赴任をしていたにもかかわらず、社員からは「自分がタイ法人のトップとしては見られていない」ということでした。
そのため、私に対して何も言ってこなかったのです。

また、現状の業務を回すことで手一杯になり、営業を行うこともできなかったため、新規の顧客も増えませんでした。
さらに、以前の拠点長の時よりサービスの品質低下が起きたため、顧客からのクレームも多発しました。
最初の顧客への赴任挨拶で、顧客から契約解除の申し出が相次ぎ、気づけば15社近くの顧客から契約解除されました。売上はたった半年で、赴任時50%減となりました。
スタッフからの反発に加え、本社からも厳しく指導され、思い返すと恐らく当時の私の精神状態はひどく荒んでいたと思います。

荒みながらも「この状況で何ができるだろう」と考えた結果、自分が拠点長として運営するには、リーダーとしての"正当性"が必要と感じ、できるところから手を付けていきました。

・オフィスには誰よりも先にきて朝会議の準備を始める
・顧客の状況をどのスタッフよりもしっかりと把握する
など技術や知識がなくてもできるところから行動を始めました。

その後、徐々にスタッフともコミュニケーションが取れ始め、タイ法人が落ち着いてきた赴任1年後くらいの時、休日にオフィスに行くと一通の手紙が机の上に置いてありました。

「もしかして、ラブレターか何かかな」と思いドキドキしながら開いてみると、当時1人しかいなかったタイ人の公認会計士であったマネージャーからの退職届でした。

彼女には、業務管理の全てを任せており、これから一緒に拠点の拡大をしていこうと思っていた矢先の出来事でした。

この時のショックは今まで生きてきた中で最も衝撃的なものでした。

これが引き金となって、当時、在籍していたスタッフは、3カ月以内に全員いなくなりました。組織が崩壊する瞬間を目の当たりにしました。

そこから、属人的な「人に頼った組織運営」をやめなければならないと決意し、「仕組みによる組織運営」に大きく方針を変えました。

結果として、そこから3年間で社員数は50人程度に増加し、売上は8倍となりました。当社の海外子会社で最大の売上規模に成長することができました。

私が最初に行ったのは、今までジュニアスタッフとシニアスタッフのペアで業務を回していたのを止めてチーム編成をし、「アメーバ経営型」の組織を構築するという改革でした。

これにより、自分の担当顧客だけでなく、チーム内で相互に協力しながら顧客をフォローすることで、属人化から脱却。また各チームにキャプテンを選任し、小さいながらも組織運営をするといったリーダーシップ能力を育てることにより、会社側に立つ人材を育てることに注力しました。

私（日本人）vsタイ人社員という対立構造を変えるために、リーダー

層を会社側に「仕組み化」によって意識的に引き込みました。

　各キャプテンからチームの部下にマネージャーの考えを伝達してもらうことにより、会社の方針についても組織への浸透を高めることに成功しました。

　このタイミングで一定数の社員は、会社方針に合わず辞めていきました。
　しかし、長期的な観点での組織文化形成には成長痛と考えて改革を進めました。

　さらに、もう一歩、属人化から抜け出すための標準化を進める手段として、DX化を推進しました。

　システムを使ったマニュアル化（Teach Me Bizというアプリを使用）、業務管理システムも社内でITスタッフを採用し開発しました。
　またKGI・KPI管理、評価制度を含めた人事管理システムも社内で開発しました。
　この「仕組み化」により、業務の一部は正社員ではなくタイの大学のインターンでこなせるようになりました。

　結果として、人件費が大幅に削減され、社員の給与も上げることができました。

　今では、売上が50％減少した時から比較して、売上は約8倍、経常利益率は約40％増加、離職率は激減し、1つの拠点として自立した運営ができるようになりました。

次は、インドネシア法人を見ていきましょう。
インドネシア法人もタイと同時期の2011年からスタートしました。

初代の赴任者は、非常に努力家でインドネシア語も独学で習得し、事業の立ち上げにも成功しました。最大で年商7,000万円ほどになりました。

しかし、仕事の全てを自分で抱える癖があり、会社の方針であるローカライズもうまく進みませんでした。
顧客からは、「電話がつながらない」というクレームが日本本社に入るようになり、日本からの電話にも全く対応しなくなりました。

本人は、仕事に忙殺されていたのです。

私は、このままの状態でインドネシアを任せ続けるか、立ち上げに貢献した彼を解任し日本に戻すかの選択にせまられました。
インドネシアをこのままの状態で任せることは、今後伸びゆく市場を捨てることを意味します。

「大きく混乱したとしても、長期的な観点からは解任するしかない」と考え、日本への帰国を命じました。帰国には応じたものの、そのタイミングで本人は退職しました。

後任は、彼の部下であった日本人に任せましたが、実力差は明らかで、すぐに組織は崩壊し、その後任も数カ月後に退職。
その後、日本から2名の赴任者を立て続けに送ったものの状況は改善することなく、その2名も程なくして退職。

次は、5人目のインドネシア法人のトップとして白羽の矢が立った駐在員の実録です。

インドネシア：オフィスに社員ゼロ、離職率80％、顧客数半減、残業時間月100時間からのスタート（2018 〜）駐在員：木村のケース

　　誰かがアパートに迎えに来ると聞いていましたが、始業時間まであと30分と迫っておりもう自力で行くしかないと決意し、まだインターネットの契約をしていない私は、Googleマップをスクリーンショットしてオフィスが入っているビルまで徒歩で向かいました。

　　オフィスに着くと、そこには誰もいませんでした。
　　もしかしたら、インドネシアは今日祝日なのかもしれないと思い、東京オフィスの国際部長に電話してみました。

　　「今日ってインドネシア休みですかね？」
　　「いや、そんなことない」

　　この時の会話はこの1往復しか記憶に残っていませんが、25年間日本で生まれ育った私には、始業の時間に誰も来てないというのはかなりの衝撃でした。
　　その後、お昼時間になると続々と社員が出勤し始め、翌日、勤怠を見てみると夜中の1時まで働いているという状況でした。

　　当時の損益計算書では社員の**残業代が基本給の1.5倍から2倍**あり、社員は意図的に残業代稼ぎを行っていました。
　　残業時間は、月平均で100時間以上ありました。
　　とはいえ、実態は昼間働かず、夜に残業代をつける。
　　休日もタイムカードを押すためだけに出社して不正を行っていました。

　　お客様からのお叱りや解約の通知が毎日のように届きました。
　　タスク管理やクオリティ管理が個人のみで行われており、誰かが休むと業務が進まない、「どうなっているか」は当事者に聞かなければ誰も分からないという状態でした。

当時は社員が毎月のように入れ替わり、私が赴任した2018年では**離職率が80％**を超えていて、人が辞めると業務の引継ぎに支障が出るという悲惨な体制でした。

　かつて私が日本で所属していた税務部門は、売上予算達成記念と称して会社の経費でセブ旅行を楽しんでいたにもかかわらず、私はインドネシアのお客様のクレーム対応や社員からの不満の対応を行っていました。

　正直なところ、インドネシア赴任がなければ、私も同僚と一緒にセブで遊ぶことができたのに、自分の責任ではない組織の崩壊の尻拭いをやっている状態になんとも言えない気分に陥りました。

　まずは自分ができるところから良くしようと思いました。
　最初に、整理整頓ができていないこと、ごみが散乱していることを何とかしようと思い、朝昼晩に掃除と書類の整理をやっていました。

　すると、「自分で汚したものくらい自分できれいにしようよ」と言い、自ら掃除してくれる社員が現れました。

　この言葉を聞いた時に、「自分が先頭になって改革すれば何とかなる！」と強く感じました。

　この時に、「自分がこの拠点を最高の会社に変えて、社員が全員残って良かったと思ってもらえるような会社にしよう」と逃げない“覚悟”を決めました。

　私がまず考えたのは、次の流れです。
①マニュアル・チェックリスト化
②新卒採用
③カイゼンの文化形成

④インターン採用

　最終的には日本と同様に新卒採用によって既存業務が全て回り、当時から残ってくれている社員の給与を2倍にするという企画を立てました。

　この昇給目標は受け入れやすいもので、現地のマネージャーと共に実践していきました。

　「生産性を上げよう！」と言えば反対する社員も、「昇給させたい」と言えば、誰も反対しません。

　しかし、やることはどちらも同じです。違うのは何を目標設定するかだけです。

　そして、どうせやるならインドネシアの国のためになることをやろうという思いで、全スタッフと共にインドネシア拠点のミッション・ステイトメントを作成しました。

　これを毎朝の朝礼でグループの経営理念、インドネシアのミッション復唱、行動指針27か条を復唱し、私たちがやっていることは全てインドネシアの発展につながっているのだという思いを浸透させていきました（これは今も行っています）。

　実際に行った事例については第四章で紹介しますが、この様な誰が見ても崩壊している悲惨な状況から、本書に書いてある標準化メソッドをそのまま実践し、世界一最悪な拠点から、**残業月平均3時間、**2023年の**離職率は2％台**となりました。

　離職率が下がったおかげでお客様との関係もうまく構築でき、顧客数も2018年と比べて3倍近くまで増加しました。

　新卒採用が軌道に乗り出した2020年以降は、コロナ禍ではあったものの、採用は国内No.1、No.2の大学であるガジャマダ大学及びインドネシア大学からの新卒採用を中心に行えるようになりました。

生産性が高く優秀な人材が集まる拠点へと生まれ変わっていきました。

私たちが次に挑戦することは、99%完璧に作りこんだ仕組みの残り1%の部分を突き詰められる文化形成です。

そのために、コンサル業界のリーディングカンパニーとなる覚悟を持って、本書のメソッドをより昇華させ、高いレベルでの標準化を作り込んでいくと共に、より高品質なサービスをお客様へご提供できるように改善・改革を続けていきます。

「仕組み化」に成功した結果、現在、インドネシア法人は、離職率が最も低く、かつ継続的成長ができるようになりました。売上規模も引き継ぎ時点と比較して2倍以上になっています。

私自身、組織を拡大する中で数多くの失敗がありました。
独立した当初は、「自分が仕事をこなせるか」、「顧客獲得ができるか」が重要でした。
しかし、やがては、「仕組み化」によって社員が組織を拡大していく重要性に気づきました。

私が実践した「3つの仕組み化」を体系立てたのが本書です。
ただし、「仕組み化」を企業が導入する時に、心理的トラップが発生することがあります。
これを乗り越えることが最初のハードルとなります。

1.「業種」のトラップ

業種のトラップとは、**「当社は、他社とは違い少し特殊な仕事をやっている」**と社員が感じることです。
社員は、自社の商品・サービスには詳しくなるのですが、**マネジメントや異業種を研究すること**が弱くなります。

他社での事例は当社には当てはまらないと考え、他社から学ぶことができなくなります。

2.「業績」のトラップ

社員が自社は「それなりにうまくいっている」と思うトラップです。

これにより社長の持つ危機感が共有できなくなります。

社員は今を見て、「うまくいってる」と思いますが、経営者は未来を見て危機感を持ちます。

この時間軸の違いが危機感の温度差になり、これが変化のスピード感の違いになります。

3.「忙しい」というトラップ

「自社は大企業でないため社員が沢山いるわけではない」。

「忙しい中でも、仕事を回しながらコツコツと改善している」と考えます。

つまり、既に頑張ってやっているのだから、これ以上変えようがないと思います。

「忙しい」が言い訳になれば、会社を変革することはできません。

4.「自分自身」のトラップ

社長の話にはうなずきはするものの、「そんな話は何回も聞いているし、既にやっている」と思っている状態です。

結果として、意識も行動も変わりません。

社員は、上記のトラップから、次のように思います。

第1のトラップは、「うちの会社には合わない」。

第2のトラップは、「うちには必要ない」。

第3のトラップは、「話は分かるが、人がいない、時間がないのでできない」。

第4のトラップは、「私は既に似たようなことをやっている」。

さらに、「仕組み化」のトラップは、経営者自身にも起きます。

私も含め経営者が願うことは、**「社員の自主性・主体性を重んじて、社員自身が自分の頭で考えて実行してほしい」**ということです。

しかし、経営者がこれを願うほど、**組織は属人化し、経営者自身が「仕組み化」を先送り**してしまうのです。

自転車を漕ぐ時、タイヤの1回転目が一番きついのです。
2回転、3回転目は社員でも漕ぐことができます。

「仕組み化」の意思決定は、タイヤの1回転目です。
社員に任せてはダメです。

「仕組み化」は、経営者の不退転の意思決定からしかできないのです。

東京コンサルティンググループ代表
公認会計士　久野康成

目　次

プロローグ
「仕組み化」が遅れた組織は、成長がストップするか、
成長によって崩壊する ………………………………………………… 2

【第一部　総論】

第一章　3つの仕組み化

01. 全ての企業には「ライフサイクル」がある ……………………………… 22
02. 企業のスパイラル成長　－起業家クワドラント－ ……………………… 24
03. 会社のステージを変える「ゲームチェンジ」 …………………………… 28
　　　[コラム] 手塚治虫とウォルト・ディズニーの違い …………………… 28
04. 組織の3レイヤーと3つの「仕組み化」 ………………………………… 35
05. 「仕組み化」に関連する3つのリスク／エラー ………………………… 37
06. 「仕組み化」と「ボトムアップ経営」 …………………………………… 46
　　　[コラム] 人の育成は「強み」、組織の育成は「弱み」にフォーカスせよ！ ………
07. 「トヨタ式カイゼン」から学ぶ「仕組み化」 …………………………… 51
08. 組織の問題解決をするための3つのアプローチ ………………………… 56
　　　[コラム] 真の問題が解決されない本当の理由 ……………………… 60
　　　[コラム] カイゼンは、横展開を考える ……………………………… 62
09. 仕組み化は「標準化」から …………………………………………… 63
10. LMの仕組み化で実現する「全員経営」－PDCAからSCADへ－ ……… 68
11. ミドルマネジメントの「仕組み化」 …………………………………… 72
12. トップマネジメントの「仕組み化」 …………………………………… 73

【第二部　準備】

第二章　なぜ、経営者は「仕組み化」を先送りするのか？

01.　「仕組み化」のためのプロセスイノベーションと心理的ハードル ……… 76

02.　社員の自主性を尊重するほど「仕組み化」が先送りされる …………… 79

03.　「少数精鋭」にこだわれば、「仕組み化」の必要性は感じない ………… 80

　　　[コラム] アイデアで起業する人　スキルで起業する人 ……………………… 82

04.　「うちの会社はそんな簡単に標準化できない」と思うトラップ……… 83

05.　発生頻度と難易度から考える標準化の効果 ………………………………… 84

06.　賢者の盲点　– 全ての業務は判断と手続に分類できる – ……………… 86

07.　判断基準はチェックリストで「仕組み化」できる ……………………… 88

　　　[コラム] ブックオフが行った判断の標準化 ………………………………… 90

08.　標準化しなければ「ムリ・ムラ・ムダ」はなくならない……………… 91

09.　「標準化」⇒「均一性」⇒「新卒採用」⇒「企業ブランド」 ………… 93

10.　弾み車による「仕組み化」改善スパイラル成長 ………………………… 94

11.　「標準化」になぜ社員は抵抗するのか？……………………………………… 98

第三章　「全員経営」のための「仕組み化」の設計

01.　有能な個人集団を目指すべきか、有能な組織を目指すべきか？ ………… 102

　　　[コラム] アダム・スミスのピン工場に学ぶ「組織」の本質 ……………… 103

02.　なぜ、経営者は「組織」ではなく、「個人集団」をつくるのか？ ……… 105

03.	有能な「組織」になるための 3 つの条件	107
	[コラム] 管理者が常に忙しくなる「職人のトラップ」	110
04.	心と技のマトリックス	111
05.	管理者が忙しくなる「真の原因」	114
	[コラム] インドで起きた「管理者が恒常的に忙しい」という問題	116
	[コラム] 人はミスを犯す動物である	118
06.	モチベーションではなく「欲求」に着目する － マズロー欲求段階説 －	119
	[コラム] 電通の離職率は、なぜ、イタリアのマフィア並みに低いのか？	122
	[コラム] 若者の真の退職理由の 70％は人間関係の問題	131
07.	マズローの欲求段階説をベースに SCAD モデルを構築	133
08.	SCAD の導入　　－ 問題が共有される「仕組み化」－	136
09.	SCAD の導入　　－ 報告の質を上げる「仕組み化」－	144
10.	SCAD の導入　　－ 実行・検証の「仕組み化」－	149
	[コラム] SCAD を通じて有能な人材を発掘する	151
11.	「仕事＝作業＋改善」と「トヨタ式 5W1H」の組み入れ	152
12.	評価基準の変更　　－ 個人よりチームを重視する －	154
	[コラム] 全ては自分の問題　自ら責任範囲を広げよ！	155

【第三部　実践】

第四章　ロワーマネジメントの「仕組み化」
- 当社の改革奮闘記 -

01. 起業家クワドラントのトラップ　……………………………………… 159
    [コラム] 我々の強みは何か？　……………………………… 163
    [コラム] 会社は人なり　……………………………………… 168
02. 日本における失敗の歴史　……………………………………………… 169
03. ロワーマネジメントの「仕組み化」の実践事例　－インドネシア ……… 177
04. ロワーマネジメントの「仕組み化」の実践事例　－タイ　……………… 194
05. 全世界での「SCAD」の導入　………………………………………… 206
    [コラム] より遠く、より広く、より多く　………………… 216

第五章　ミドルマネジメントの「仕組み化」

01. 起業家クワドラント　－「標準化」から「省人化」へ－　……………… 217
02. ミドルマネジメントを機能させる方法　……………………………… 219
03. ミドルマネジメント指標の考え方　－ KGI と KPI －　……………… 221
04. ミドルマネジメントと「標準化」　…………………………………… 223
05. KGI と KPI をリンクさせる「ROA 経営」　………………………… 225

　　　　［コラム］完了ではなく変化を仕事とする ……………………………………… 228

第六章　トップマネジメントの「仕組み化」

01.　「両利きの経営」　− 2 つのイノベーション − ……………………………… 231

02.　真のイノベーションと企業家精神……………………………………………… 233

03.　トップマネジメントをボトムアップで行う ………………………………… 234

04.　戦略会議と進捗会議 …………………………………………………………… 236

　　　　［コラム］多角化か、選択と集中か　− 目指すべき経営とは何か？ −…………… 239

エピローグ
権限委譲しても「ボトムアップ経営」は作れない ……………… 241

第一部 ● 総論

第──章

3つの仕組み化

01.
全ての企業には「ライフサイクル」がある

■ 図1-1　企業のライフサイクル

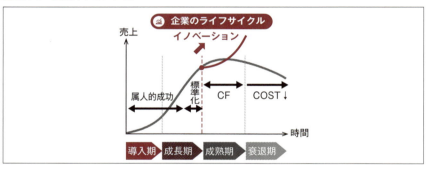

　この図は、企業の栄枯盛衰を表す「ライフサイクル」です。
　全ての企業は、イノベーションを起こさない限り、導入期→成長期→成熟期→衰退期を経てやがて消滅します。企業は永遠ではありません。

　企業が販売する全ての製品・サービスは、時代の変化と共に**やがて陳腐化**します。
　この流れに逆らうには、経営環境の変化に合わせて、**継続的にイノベー**

ションを起こす必要があります。

　イノベーションを起こせるかが企業にとって最も重要なテーマになるのです。

　起業家が事業を立ち上げ、軌道に乗るまでが「**導入期**」です。

　起業家の知識・技術・経験などの**属人的能力によって、事業の立ち上げが成功**するか否かが決まります。

　立ち上げに成功し、事業が拡大していくと「**成長期**」に入ります。

　この時、社長1人では業務が回らなくなり、社長の仕事を引受けられる経験者を中途採用することになります。

　ただし、有能な経験者を継続的に雇うことは難しいので、成長期の後半では、**有能な管理者が不足し成長が鈍化**していきます。

　「**成熟期**」では追加投資が少なくなるため、**成長期よりも利益やキャッシュフローは改善**します。

　成長は鈍化していても儲かっているので、引き続き会社はうまくいっているように見えます。

　ただし、成熟期で新たなイノベーションがなければ、やがて「**衰退期**」を迎えます。利益やキャッシュフローは悪化し、「**コストダウンの号令**」がかかるようになります。

　経営者が、コストダウンを叫び出した時は、企業が衰退期に入った合図です。

　自力で回復させられないと思えば企業売却（M＆A）を行うか、もしくは、キャッシュが底をつき倒産します。

　これを避けるためには成長期の終わりで「構造的変化」をする必要があります。

　これが「イノベーション」で、これには大きく2つのタイプがあります。

（1）**プロセスイノベーション（既存事業のプロセスの構造転換）**

（2）**真のイノベーション（新技術・新市場）**

「仕組み化」とは、これらのイノベーションを起こすためのものです。

02.
企業のスパイラル成長 − 起業家クワドラント −

■ 図1-2　起業家クワドラント

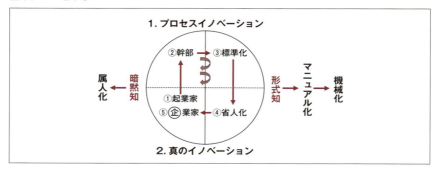

「起業家クワドラント」は、**SECIモデル**（一橋大学大学院／野中郁次郎教授等）をヒントに、私が作ったコンセプトです。これは企業の**イノベーションを通じたスパイラル成長**を表しています。

イノベーションを通じて、スパイラル成長ができれば、企業がライフサイクルで「衰退期」に陥ることはなくなります。

全ての企業は①**「起業家」によりスタート**します。
これが、**「導入期」**です。

次のステージでは、起業家の仕事を②**「幹部」に任せ、社長の業務を社員に移管**します。
ライフサイクルでは、**「成長期」の前半**がここに当たります。

ただし、幹部も創業者と同様に自らの知識・技術・経験という**「暗黙知」**によって仕事を行っており、①、②は**属人的に会社を成長**させるステージです。

属人的な業務を行っているため、十分な知識・技術・経験を持った人材が採用できなくなると成長の陰りが見えだし、やがて「成熟期」に入ります。

　ここで「成熟期」に入らず、継続的に会社を成長させるためには、**業務を標準化**し経験者ではなくてもできるような「**プロセスイノベーション**」を図る必要があります。

　これが③「**標準化**」のステージです。
　これは特定の人に頼った「暗黙知」を誰でもできる「**形式知」に転換**することを意味します。
　今まで大切にしてきた考え方が否定されると思う社員も現れ、社員にとって大きな「**思考の変化」が要求**されます。

　このステージでは、属人的だった仕事を、知識・技術・経験のない社員でもできるようにすること。業務を**マニュアル化**し、**チェックリスト**を整備し、部下が上司と同じレベルで仕事ができるように**再現性の高い仕組み**を作ることが要求されます。

　ここでの問題は、多くの会社が何度も「標準化」を進めようとトライはするものの、結局、**うまくいかずに②の領域に戻ってしまう**ことです。
　「標準化」とは、言葉で言えば簡単ですが、多くの中小企業がこれに失敗します。

　また、経営者が「標準化」を推進しようとしても、幹部が「**現業が忙しいから**」などと言って**先送り**されることがあります。
　経験者にとっては「**標準化」をしなくても自分自身は仕事ができる**ので、**何のメリットもない「余計な仕事」**と感じます。

　これを防ぐためには、**トップの強いリーダーシップ**が必要になります。
　イノベーションとは、「今との決別」を意味し、中途半端な気持ちで達成できるものではありません。

「標準化」を成功させるためには、根気と時間が必要です。

社員は、慣れ親しんだ仕事のやり方が楽なため、すぐに「属人化」に戻る不安定な時期といえます。

「標準化」を成功させるためには、標準化の先にある④**「省人化」の領域をイメージ**し、一気に駆け抜ける必要があります。

「省人化」とは、トヨタが作ったコンセプトで、より少ない人員で仕事ができるように生産性を上げる仕組みです。

標準化を徹底すれば、幹部も自分の仕事を部下に任せることができるようになり、時間的余裕が生まれます。

また、採用も中途ではなく新卒からできるようになります。

標準化に成功し、**新卒採用が中心**となった企業は、一気に成長が加速することがあります。

さらに「省人化」のステージに達すると、**生産性・収益性が上がることにより、1人当たりの利益も向上**します。

この結果、競合他社より多くの賃金を支払うことが可能となり、有能な人材がさらに集まるような好循環ができます。

これは、トランプの「大富豪・大貧民」というゲームのようなもので、勝つためには、最初に勝つことが重要で、**一度、勝ちパターンに入ると勝ち続けられる**ようになります。

企業経営も1つの壮大な「ゲーム」です。

経営で成功するためには、ルールと勝ちパターンをいち早く知ることが大切です。

これを概念化したものが**「起業家クワドラント」**なのです。

「省人化」ステージになると中小企業から脱却し、**大企業になる準備**が整います。

ただし、「標準化」、「省人化」は、あくまで現業を対象にしたものです。

どんなに良い戦略であっても、戦略の有効性が永遠に続くわけではあ

りません。

　現業のみにこだわっていては、企業はやがて「衰退期」を迎えます。

　それを避けるためには、「真のイノベーション」が必要になります。

　このようなイノベーションは、特定の個人が「企業家精神」を持って何か新しいことを始めることから始まります。

　大きな成功体験を積んだ「形式知の世界」から決別して、再び「暗黙知の世界」に入ることを意味します。

　しかし、「省人化」ステージで大きな成功を収めた企業は、ここで「サクセス・トラップ」にハマります。

　「事なかれ主義」の大企業病もこれに該当します。

　イノベーションの重要性は分かっていても、失敗を恐れる気持ちが大きくなり現状を打破できなければ、大企業もまた「衰退期」に入ってしまうのです。

　真のイノベーションには、「企業家精神」を持つことが不可欠です。

　ここでは①「起業家」ではなく、⑤「企業家」という言葉を用いています。

　起業は創業者にしかできませんが、「企業家」には誰でもなれます。

　ただし、実際に企業家になるためには、真のイノベーションの「実践」が必要になります。イノベーションを起こした人間だけが、経営者ではなく「企業家」になれるのです。

　⑤「企業家」の時代は、①「起業家」と同じように暗黙知の世界となります。

　新規事業が立ち上がれば、幹部に事業を任せて成長させ、標準化・省人化を目指してプロセスイノベーションを行い、また次に企業家として新しい何かに挑戦していきます。

　これが「スパイラル成長」であり、企業の長期的成長の本質です。

03.

会社のステージを変える「ゲームチェンジ」

「起業家クワドラント」でスパイラル成長するためには、**「ゲームチェンジ」**が必要になります。それぞれのステージには、それぞれのゲームと勝ちパターンが存在しています。

自分のステージで勝ちパターンを収めると、それが**「サクセス・トラップ」**になり、次のステージに入ることが困難になることがあります。

各ステージにおけるゲームは以下の4つです。

（1）起業家スーパーマン（俺が一番）

創業者である起業家は、組織の中で最も仕事ができる人です。

経営者は、本来、「経営」に集中するべきです。

しかし、起業家が**組織の中で最も仕事ができる**ため、社長自身が営業部長、技術部長、製造部長、財務部長などの部長職を兼務することになります。

結局、起業家がスーパーマンとして活躍するほど、組織は成長がストップするのです。

組織がトップとアシスタントの集団となり、構造的にトップの仕事を下に降ろすことができなくなります。

コラム　手塚治虫とウォルト・ディズニーの違い

手塚プロダクションは、トップである手塚治虫を失った後は、本人の新作をつくることができなくなりました。既存の版権を管理することが主な仕事です。

一方、ウォルト・ディズニーは、創業者を失った後も新作を出し続け

ています。

　この違いは、手塚治虫や宮崎駿は「アーティスト」を選択し、ウォルト・ディズニーは「経営者」を選択したということです。

　ピカソの絵は、ピカソにしか描けないように、トップがアーティストになれば、事業承継は不可能です。
　これは価値観や生き方の問題であり、どちらを選択するかは個人の自由です。

　問題は、「経営者」を選択している社長が、知らない間に「アーティスト」を選択し、自分自身がオンリーワンの喜びに浸り、結果として事業で失敗することです。
　真にアーティストとして売れるのは、「一握りの天才」だけであり、多くの人は経営者にならなければいけません。

　また、多くの女性起業家もこれに似たトラップに陥ることがあります。
　これは、経営が好きなのではなく、その仕事が好きで起業した場合に起きます。
　結果として、部下に業務を任せきることができず、自分も業務に入って忙しくなるため、自分の時間を使い切ったところで成長がストップします。
　起業家は、「誰よりも仕事ができる」というゲームの中では勝てます。
　しかし、このトラップにハマった経営者は、「組織を拡大する」という別のゲームでは負けるのです。

　組織を拡大したいのなら、自ら「ゲームチェンジ」をする必要があります。
　業界における知識・技術・経験で勝負するのではなく、「経営者としての真の能力」で勝負する必要があります。

　また、起業家の社会的責任として、自分が雇い入れた社員のことも考慮する必要があります。

29

ある有名なフレンチレストランのオーナーシェフが年齢を理由に店を閉じることにしました。多くのスタッフを雇い運営されていましたが、オーナーシェフは、このレストランは承継不可能と考えたのでしょう。

　廃業は個人の自由ですが、雇用した社員への社会的責任はあります。

　経営者がアーティストを選択した場合、事業承継はできないため、社員の処遇をどうするかという問題も発生します。

（2）幹部の「1万時間の法則」（職人化）

　起業家がスーパーマンになるトラップを抜け、経営者が幹部に仕事が任せられるようになっても、次は、幹部が同じトラップにハマります。

　大半の中小企業がこのトラップにハマって抜け出せない状態にいます。

　有能な幹部が**「職人化」**し、忙しくなり、時間が足りなくなった時に組織の成長がストップします。

　どんな業界においても、その業界のエキスパートになるためには、多大な時間を要します。一般的には**「1万時間の法則」**とも呼ばれます（マルコム・グラッドウェル著『天才！成功する人々の法則』）。

　どんな業界であっても成功者は、1万時間ほどの時間を費やし、知識や技術を身につけているのです。

　会社の中で幹部と呼ばれる人は、その業界で多大な努力を行いスキルアップし、他の人よりも仕事ができるようになります。

　仕事ができるため、誰よりも忙しくなるトラップに陥ることがあります。

　中小企業は、純粋な管理職を置く余裕はありません。

　ほとんどの管理職は、**プレイングマネージャー**をせざるを得ないのです。

　しかし、実態はプレイヤー業務が大半となり、「忙しい」というトラップにハマり真の管理者業務が先送りされます。

　高いスキル・ノウハウを有している幹部・管理者は、自分が仕事をすれば高いパフォーマンスを上げることは可能です。

　しかし、企業が次のステージに進むためには、**彼らのノウハウを会社**

のノウハウに転換するための標準化と部下育成の能力が試されます。

これが、幹部が行わなければいけないゲームチェンジです。

これができなければ組織の成長は止まり、「組織の高齢化」が進みます。

知識や技術の承継も難しくなり、最後は消滅することとなります。

（3）暗黙知の形式知化（有能な個人集団から有能な組織へ）

経験者のスキルに依存して品質を維持する属人的方法から、仕事を「標準化」し、誰にでもできるように業務を変化させることが「第一の仕組み化」になります。

これは、ロワーマネジメントが改革の対象になります。

人の能力ではなく、ルールや規則によって組織を統制し、品質を維持する考え方が、標準化の世界観です。

ここでは、「個人」のパフォーマンスの総和から「組織」のパフォーマンスにゲームチェンジが行われます。

能力の高い有能な個人を集めた場合のパフォーマンスの総和より、各社員の能力は劣っても、分業・標準化・協力体制という組織力で圧倒的に高いパフォーマンスを出せるのが有能な組織といえます。

有能な組織は、有能な個人集団である必要はありません。

また、有能な個人集団より生産性で勝るのが有能な組織といえます。

ただし、経験者が標準化や規則化を行うこと自体に賛成することは稀です。

経験者にとって、標準化・規則化は個人のスキル・経験が埋没するものであり心地良く思えません。

「当社の業務は、標準化できるような単純なものではない」

「マニュアルを作るような時間はない。そんなものは不要である」

本来、標準化とは、経験者が持つ個人のノウハウを組織のノウハウに移管することなので、無意識に経験者は、標準化に反対したくなります。

また、マニュアルを作っても使われることなく「お蔵入り」して、す

ぐに慣れ親しんだ属人的な仕事のやり方に戻るのです。

　ここでのゲームチェンジは、個人のパフォーマンスを高めることではなく、**組織全体のパフォーマンス**に焦点を当てさせることです。
　評価制度、人事査定では、個人が評価の対象です。
　給与は、個人の評価が前提であるため、社員は組織全体より自分を中心に考えたくなるものです。これが組織改革を構造的に阻む要因です。

　ただし、長期的観点からは、会社全体の成果が個人に分配され、組織が良くなることが組織の継続性につながり、個人が長く働ける職場になることを社員が理解できれば、社員も改革に協力的になれるはずです。

　ここでは、個人中心から組織中心の思考に転換できるかがポイントで、社員の価値観・方向性を統合するための経営理念・ビジョンの浸透度がキーとなります。
　経営理念を重視する「理念経営」を行うことで、社員が自分の価値観を超えたところで組織と統合させることが経営者の重要な役割となります。

　これに成功すると経験者ではなくても仕事がこなせるようになるため、**採用は中途ではなく新卒が中心**となります。
　業界に精通した優秀な中途社員を雇うより、業界未経験の新卒採用の方がはるかに労働市場は大きく、企業規模が拡大する条件が整います。

（4）生産性の継続的向上（大企業病）

　このステージになると、規則やルールにより**製品のクオリティが安定し、サービスの均一化**が進み、その結果、**ブランド力**も高まります。
　また、経営が特定の人に頼らなくても良くなるため、経営者は経営理念を強く組織に共有し浸透させる必要も感じなくなります。

　理念にそこまで賛同していない社員でも、その組織に**「居場所」**があります。

ダイバーシティ（多様性）を社内で認めるという組織風土も、この段階まで成長した大企業に多く見られるようになります。

　起業家クワドラントでいうと、生産性・収益性が高まる「省人化の時代」がここに当たります。
　ここでのゲームは、KGI（Key Goal Indicator: 重要目標達成指標）やKPI（Key Performance Indicator: 重要業績評価指標）などを追いかけるものです。
　これは、いわゆる仕事をゲーム化することで、「ゲーミフィケーション」（Gamification）の1つになります。
　また、この業務は、ミドルマネジメントの中心業務であり、この業務を対象にしたものが「第2の仕組み化」です。

　さて、標準化や省人化に成功すると業務の拡大が一気に加速し、大企業になる可能性がでます。ここで圧倒的成功体験を組織は積むことになります。
　この結果、組織の自己肯定感が強くなり「自己肥大」、「自己欺瞞」、「排他的エリート主義」、「植民地主義的グローバリゼーション」が起きることがあります。

　このような成功体験から、今の状態、今のブランドを無意識に守ることに社員は注力するようになります。これは、社員の会社に対する高いエンゲージメント、ロイヤルティの裏側に潜むトラップです。
　この結果、組織的に変化を嫌うようになります。
　「事なかれ主義」から大企業病に陥り、革新的イノベーションが起きなくなるのです。日本の多くの上場企業もここからの脱却がテーマとなっています。

(5) 企業家精神とイノベーション（スクラップ＆ビルド）

　そこで、再びゲームチェンジを考える必要が出てきます。
　これは、企業家精神を持ち、新たなるイノベーションを追求し、事業機会や「機会利益」を追うゲームに転換する必要があります。

既存事業から出る利益は決算書に反映されるので、誰でも分析・評価できます。

　一方、**機会利益**は、投資すれば得られる可能性のある利益で、**決算書には反映されませんが、無限の可能性**を秘めたものです。

　企業は常に新しい投資機会を見出すことを株主から要求されます。

　この株主の要求に応えられないのなら増配により株主に還元することが要求されるのです。

　また、全ての事業にはライフサイクルがあり、経営環境の変化に対応しなければ企業は、「成熟期」→「衰退期」へと向かいます。

　この場合、既存事業の「スクラップ＆ビルド」が必要になることもあります。

　既存事業に満足することなく、戦略やマーケティング志向を持ち、構造的に変化し続けることができるかが問われます。

　かつて、『ビジョナリー・カンパニー』（ジム・コリンズ著）で、超優良としてもてはやされた企業も、『ビジョナリー・カンパニー2』が出版される時には、何割もの企業が衰退していました。

　環境変化に対応しなければ、どんな優良企業も平凡な企業に変わってしまいます。

　ここでは、**トップマネジメント領域の業務であるイノベーションを組織的にできるようにすること**が、「**第3の仕組み化**」になります。

　これは、3つの仕組み化の中で最も難しいもので、これが組織的にできるかが永続的成長のキーファクター（KFS: 重要成功要因）になります。

　イノベーションの模索を継続的に行う「**両利きの経営**」（第六章参照）も1つの解決策といえます。

04.
組織の3レイヤーと3つの「仕組み化」

　会社の組織は、トップマネジメント（TM）、ミドルマネジメント（MM）、ロワーマネジメント（LM）の3つに分けることができます。
　また、3つの「仕組み化」は、それぞれの組織のレイヤーに当てはまります。

■ 図1-3　3つの仕組み化

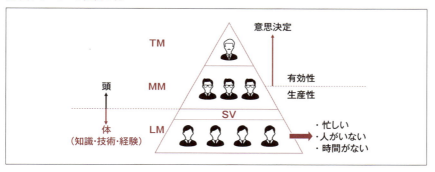

　そこで、まず組織の基本的な構造を考えてみたいと思います。
　LMの役割は、顧客から**注文を受け、物を作り、納品し、お金を回収する**というサイクルを繰り返すことです。
　LMには、基本的にその業界の知識・技術・経験が必要であり、時間を使う業務になります。つまり、**「体」**を使う業務と言い換えられるため、この業務に関わる人は**「忙しい」**という発想に陥りやすくなります。

　一方で、TM・MMは**「頭」**を使う仕事です。
　TMは、社長や取締役が担う領域で、**会社の方針・戦略に関する意思決定を行うこと**が仕事です。

　中間の階層のMMには、大きく2つの役割があります。
　第1は、LMに対して**「標準化」を進め、生産性を向上**させる役割です。

これは、LMの中のスーパーバイザー（SV）とは、大きく異なります。

SVは、受注から回収までの一連のオペレーションを管理することが役割です。

これに対してMMによるLMの管理は、始まりも終わりもありません。

傾向をつかみ、変化を促すことが仕事です。

LMに対して、生産性を高めるために業務を標準化させ、マニュアル・チェックリストの継続的アップデートを促進して、知識・技術・経験が少ない人でも早く業務をこなせるようにすることが仕事になります。

第2は、TMに対して行われます。

経営者の意思決定をサポートし、アイデアを提供し、**戦略を提案**することが役割となります。

しかし、多くの中小企業では、TMだけでなくMMも社長が1人でやっているのが実情です。社長がスーパーマンのように活躍し、社長が下に降りなければ情報が上がってこないこともよく起きます。

その主な原因は、**MMの役割を果たすべきマネージャーが、プレイングマネージャーと称してLMのスーパーバイザー（SV）ポジションを取っ**ているからです。

SVポジションでは、大半の時間をスタッフのフォローやサポートに費やし、常に**「忙しい」**という状態に陥りがちです。

マネージャーは、部下より知識・技術・経験が上で、**「自分がやった方が早い」、「まだ部下が育っていないので自分が入らざるを得ない」**と考えがちです。

頭を使い「仕組み」を作るのが本来のマネージャーの仕事にもかかわらず、自分の体を使い「業務」に入り、仕事をしている気になることもあります。

幹部から「忙しい」という言葉が聞こえるのであれば、本来のMMの役割ができていないと考えるべきでしょう。

仕組み化というと、多くの人が最初に思い浮かべるのは、業務の自動化や、作業の手順を決めてその通りに行うことと思われるかもしれません。
　しかし、これはLMの仕組み化に過ぎません。
　会社を仕組み化するということは、TM・MM・LMの全てを対象にすることです。

　この仕組み化はプロセスイノベーションと真のイノベーションとリンクします。
　この2つのイノベーションを継続的に起こすために、組織のTM・MM・LM全てに「仕組み」を植えこむことが必要です。

05.

「仕組み化」に関連する
3つのリスク/エラー

　マサチューセッツ工科大学理工学博士の邱強氏は、その著書『ERROR FREE 世界のトップ企業がこぞって採用した MIT博士のミスを減らす秘訣』(文響社)で、経営におけるリスクとエラーは大きく3つあると述べています。

　「仕組み化」とは、会社の中でいかなる**リスク**(将来、問題が起こる可能性のある要素)と**エラー**(今、発生する問題)を構造的に減少させていくプロセスとも考えられます。

(1)知識によるリスク/エラー
　1番目が知識によるリスク/エラーです。
　これは、**意思決定**に関連するもので、**最もリスクが高くエラーの影響が大きい**領域は、TMになります。
　このリスクとエラーを排除することが、TMの仕組み化です。

　経営者は現在持っている知識によって、経営方針・戦略の意思決定を

■ 図1-4　起業家クワドラントとリスクの循環

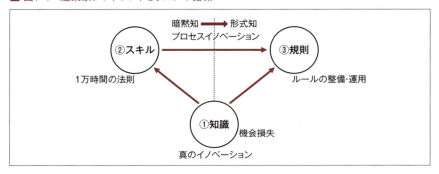

します。
　意思決定とは「何かを選択すること」であり、この選択は常に「判断を誤る」というリスクとエラーが付いてきます。

　どんなに有能な経営者であっても時として判断を誤ることは人間として避けられないことです。
　一度、意思決定がされると次に行われるのは、それを「実行」することになります。
　意思決定は、頭を使う作業で、実行は体を使う作業です。体を使う段階に入ると人間は、意思決定が本当に正しかったのかを疑わなくなります。

　このリスクを排除するためには、常に意思決定されたものを**「合理的懐疑心」**を持って疑い続け、**意思決定による機会損失**（他の選択をしていれば、もっと儲かっていたかもしれない可能性）を考える必要があります。
　これを行うことがTMの仕組み化の最大の目的となります。

　本来やるべきことをやらないことを**「省略エラー」**と呼びます。
　特に、「意思決定を疑う」ことをしないと、知識の省略エラーが発生し、これが最も大きな「機会損失」を生む要因となります。

　この**機会損失は、通常の損失よりも圧倒的に大きくなる可能性**があり

ます。

例えば私が1,000万円を持っていて、それを投資して事業に失敗しても最大の損失は1,000万円です。持っているお金が損失の限界です。

しかし、機会損失は、他の事をやっていればもっと儲けられたというものなので、何億、何十億、何百億円にもなる可能性があります。

私たちは、この機会損失が常にあることを知る必要があります。

有能な経営者は、常に新しい事業機会、戦略を考え続けているため、社員からすると話がすぐに変わる、**「朝令暮改」**が起きると思うことがあります。

社員は、これに振り回されるため、「一度決めたことは変えないで欲しい」と願うかもしれません。

一方で無能な経営者は、一度決めたことを守り、合理的懐疑心を持って自分の意思決定を反芻しないため、知識の省略エラーが発生することがあります。もっとうまくいく方法があるのに、見つけられないのです。

これが「なぜ中小企業が成長をストップさせるのか？」の主たる要因です。

「決算書には現れない機会損失こそが、最大の損失」だという認識が経営者には必要です。

また、社員は、話がコロコロ変わる社長を、「実は有能な経営者かも知れない」と温かく見守る姿勢も大切です。

（2）スキルによるリスク/エラー

2番目は、スキルに関するリスク/エラーです。

これは、起業家クワドラントの図（P24参照）でいう「起業家」と「幹部」の時代における**「暗黙知の世界」**で起きます。

創業者は、その業界で必要となる高いスキルを持って事業を始めることが一般的です。業界の素人であれば、成功する可能性は低いので、通

常は、トップが精通する業界で事業を始めます。

　他より秀でたスキルを身につけるには、「1万時間の法則」が当てはまり、努力や経験を積み上げて、起業家は事業を始めるのです。

　経営者が、人を雇って組織を拡大しようと思えば、自分と同じような業界の経験者が必要になります。ここで起きるのは1万時間に到達しないスキルの低い人は、「スキルが足りないことによるエラーの発生」がリスクと感じます。

　そこで、経営者はスキルエラーが起きないように即戦力にこだわり、1万時間の法則を達成した人を集めようとします。

　スキルリスクを下げ、スキルエラーが起きないようにした結果、組織は**少数精鋭部隊**になります。

　そして、**成長がストップ**するのです。これは、スキルリスクを下げるための戦略が、スキルのある人を雇うことだったからです。

　スキルエラーを防ぐための経験者の採用が、結果として成長を阻む要因となります。

　経営は信用が第一なので、成長させるよりも顧客の信用を失わないようにすること、つまり、品質問題を起こさないことが短期的には重要なテーマです。

　これにより、組織は**「少数精鋭」**という均衡点、つまり、**パレート最適**な状態になり、成長は均衡点から離れ不安定な状態になることを意味します。

　多くの中小企業の経営者が、**「私は会社を大きくしたいわけではない」**と言うのは、この状態が適正と感じているためです。成長からは、大きな混乱や品質低下、顧客からの信用の失墜、利益率の減少が容易にイメージできるからです。

　しかし、そのような組織は、**社員の高齢化**と共に組織の社会的存在意義が薄れ、**事業承継も困難**となり、やがては消滅していきます。

　では、品質問題をなくすと同時に組織の成長を損なわない、つまり、「二

兎を追う方法」はないのでしょうか？

　この解決策が、スキルリスクを経験者が属人的に下げるのではなく、業務標準化により構造的に下げることなのです。
　これは、「暗黙知」を「形式知」に転換させる「プロセスイノベーション」となります。
　「スキルリスク」を「規則リスク」に転換する方法といえます。

（3）規則によるリスク/エラー
　「1万時間の法則」によるスキルで担保されている品質を、標準化して、誰でもできるようにすることが「プロセスイノベーション」です。

　形式知化とは、業務を標準化しルールを整備することですが、この時に起きることが、スキルを身につけた経験者が標準化に反対することです。
　これは、経験者にとって大きなゲームチェンジであり、自分たちの存在意義そのものがなくなるという心理的不安が発生します。

　また、経営者自身も「標準化ができない」と信じていることもあります。
　これは、「賢者の盲点」で、業界や自分の組織に精通した人ほど、その業界や組織の常識に囚われてしまい、「常識を疑う」ことが難しくなるのです。
　「常識を疑う」ことが良い戦略を立案する上で重要ですが、常識ゆえに改革するための盲点になりやすいのです。

　暗黙知の形式知化とは、経営リスクやエラーを、個人のスキルの習得レベルから、ルールの整備又は運用によって低減させるものです。
　この規則の整備・運用から発生するものが「規則リスク/エラー」となります。

　ここで重要なことは、形式知化が進むほど、スキルリスク/エラーが減少することです。スキルエラーは、1万時間ではなく、数時間の研修でなくすことができるようになるかもしれません。

41

手作業の時代の旋盤工は、多大な時間を費やして職人になっていましたが、NC旋盤が導入されたのちは、機械操作さえ習えば済むようになったのです。

　大手チェーン店でアルバイトを即戦力として教育する場合、数時間の研修で業務ができるようにすることが求められます。
　規模を拡大した組織は、スキルエラーを仕組みによって軽減させているのです。

　その代わり、**社員は規則に従うこと**が強く求められます。
　社員が規則に従わなければ、**規則リスクが増大し、規則の省略エラー**（規則を守らないこと）により問題が発生するためです。

　中小企業の社員が規則に縛られることを嫌うのは、**「暗黙知」の世界の心地よさ**、自分の**自由裁量が多くあることの気ままな環境**に慣れたためです。
　この結果が組織の属人化であり、技術の伝承も難しくなり、長期的観点からは組織が衰退する要因となります。

　経営の判断は、短期ではなく長期利益につながるかを常に基準にすることが大切です。
　経営者自身が社員に気を使い、短期的視点で経営判断し、スキルリスクの高い組織を作れば、企業の将来性はなくなります。
　多くの中小企業が事業承継に失敗し、M&Aで会社を売却しなければならないのは、これが主たる原因です。

　会社で起きる問題を**「スキルエラー」**から**「規則エラー」に転換**できれば、規則の変更（規則リスクの減少）や徹底（規則の省略エラーの減少）によって問題解決ができるようになります。

　この結果、**会社で起きる全ての問題は、個人の「ヒューマンエラー」ではなく、仕組みの問題、つまり「システムエラー」**と見なされます。

社員は、**規則を守っている限り**、どんな問題が起きようとも**個人の責任が問われることはなくなります**。
全ての問題は、会社の責任となり、社員を守ることができます。

社員の責任は、結果として次の2点のみになるのです。
①**規則を遵守**する責任
②問題が発生した時の**報告**責任

これに対して、1万時間の法則が成立している**暗黙知の世界では、全ての問題はヒューマンエラー**と見なされます。
これは、伝統的な職人の世界で、大工であれ、料理人であれ、問題が発生すれば、全ては**個人の責任**なのです。

この時は、親方から「これはお前の知識が足りない、技術が足りない、経験が足りないから起きた問題だ！」と怒られるのが普通です。
将来、一人前の職人として独立を夢見る社員なら耐えられるでしょうが、そんな社員は滅多にいません。

標準化・形式知化に失敗している多くの中小企業は、このような昭和的価値観で組織運営されているため、社員の**「心理的安全性」が確保されず、離職率も高くなり、「ブラック企業」**になってしまうのです。
プロセスイノベーションは、伝統的価値観を拭い去り、全ての企業が行わなければいけないものなのです。

（4）再び知識によるリスク/エラー

3つのエラーを紹介しましたが、最後の規則エラーとして問題解決する仕組みができた次には何が起きるのでしょうか。

組織は硬直化しやすいものです。規則さえ守っていれば責任を問われないと社員が思えば、なおさら組織の柔軟性がなくなっていきます。

形式知化することによって、圧倒的に利益が出て、企業は大きく成長

43

すると、次に起きることは、組織の硬直化、いわゆる「大企業病」が起きる可能性があります。

強烈な成功体験によって、「会社も儲かっているから、もうこのままでいいじゃないか」という発想が蔓延し、多くの社員が「ゆでガエル」になるのです。

企業家精神とイノベーションは、時代の変化に対応して新たな事業戦略を構築するもので、「知識の省略エラー」を排除することが目的です。

例えば、写真フィルム業界では、イーストマン・コダックと富士フイルムの2社がブランドを確立し、業界をリードしていました。

しかしコダックはやがて経営破綻に追い込まれ、一方、富士フイルムは構造転換により生き残ることができました。

コダックはアナログのフィルムからデジタルに主流が変わった時、それを脅威として捉え、誰よりも早くデジタルの研究を行いましたが、結局、デジタルの部門は途中で売却してしまいました。

この理由は、「イノベーションのジレンマ」が発生したためです。

新技術であるデジタルは、アナログと比較して幼稚で使い物にならない代物と考えられたのです。

新技術は、常に既存の技術より劣った状態でスタートします。

トヨタが電気自動車の開発に遅れたのも、ガソリンエンジンやトヨタが発明したハイブリッドの性能があまりにも素晴らしく、電気自動車は「単なるおもちゃ」で比べ物にならないという新技術の過小評価が根底にあったと思います。

そして、新規参入してきたテスラに大きなシェアを奪われたのです。

アップルのiPhone®のタッチパネルも技術的には20世紀に日本が開発した古いもので、日本のガラケーは折り曲げもできる最新技術の集大成でした。

しかし、アップルは携帯電話をパソコンの端末にするという用途開発をしました。技術ではなくコンセプトで市場を制したのです。

富士フイルムは、脅威を機会として捉えるしか選択肢はないと考え、戦略を構造的に転換し、写真フィルムの技術を医薬品、食品、化粧品という分野に応用するという選択肢を選びこの危機を乗り越えました。

コダックは過去の成功ゆえに、自らの構造を破壊することができず、結果、倒産したのです。

富士フイルムのように、新しい戦略を再び立ち上げた際には、最初はまた属人的にやらなければならない状態になります。

つまり、新たな事業分野に参入すると、**「スキルリスク」が再び高く**なります。

そして、組織の成長と共に、規則の整備・運用を中心とした**「規則リスク」に転換**できれば、その事業は標準化と共に成長できます。

起業家クワドラントは、3つのリスクの変化とリンクする考え方です。

(5) 両利きの経営

企業のスパイラル成長により、企業リスクは、以下のように変化します。

起業家	⇒	知識リスク
幹部	⇒	スキルリスク
標準化/省人化	⇒	規則リスク
企業家	⇒	知識リスク

起業家クワドラントでいえば、**スキルリスクを「仕組み化」によって規則リスクに転換**することが**「プロセスイノベーション」**です。

経営環境の変化により、**既存事業の陳腐化、収益性の悪化から構造転換を図る（知識の省略エラーをなくす）**ことが**「真のイノベーション」**に当たります。

2つのイノベーションを同時並行で考え実行し、最も機会損失が発生する「知識の省略エラー」を減少させる仕組が、二兎を追う経営である**「両利きの経営」**の本質です。

既存事業に対してはプロセスイノベーションを行い標準化から省人化

を行います。

これを「**深化**」と呼びます。

ただし、これだけ行っていると過去の成功体験である「サクセス・トラップ」にハマります。

「深化」と同時に、新事業の機会を探り、真のイノベーションを進めるのを「**探索**」と呼びます。

深化と探索を同時に行うことが「**両利きの経営**」です。

これにより、2つのイノベーションが仕組みとして組織の中に取り込まれます。

06.
「仕組み化」と「ボトムアップ経営」

仕組み化は、「**ボトムアップ経営**」ができる基礎を作ります。

中小企業で実質的にボトムアップ経営に成功している企業はほとんどありません。

もし、経営者が**創業者の場合、強烈なリーダーシップで事業を立ち上げるため、トップダウン経営**にならざるを得ないのです。

起業家クワドラントでいえば、「起業家」から「幹部」の暗黙知の時代は**職人的世界**です。

暗黙知での人の育て方は、上司が仕事を通じて実地で部下を指導すること（**OJT**）が基本です。

上司は、部下よりも知識・技術・経験を持っているため、ボトムアップ経営にはなじみません。

しかし、組織がプロセスイノベーションを通じて暗黙知から形式知、つまり、「標準化」ができるようになると、企業の主たるリスクが「スキルリスク」から「規則リスク」に移動します。

規則リスクは、規則の整備と運用によって軽減されますが、これは「現場主義」となじみやすい考え方です。

　ここからカイゼン提案、つまり、現場からボトムアップで良い情報・悪い情報が上がる仕組みができ上がるのです。

　トップダウンとボトムアップの考え方は、上記の現場（LM）レベルだけでなく、経営レベル（TM）においても活用ができます。

　トップダウン経営とは、経営者が「意思決定」したことをMM以下の組織に伝えて「実行」してもらうことです。

　しかし、一度、経営者が意思決定し、実行段階に入ると「もっと良い選択肢があったかもしれない」という機会損失の可能性を常に抱えることになります。

　これが、「知識の省略エラー」で目に見えない莫大な機会損失を発生させます。

　多くの中小企業は、「知識の省略エラー」のため新規事業が企画・実行されずに成長がストップすることが多くあります。

　これがトップダウン経営の最大の弱点です。

　社長の行った意思決定の「知識の省略エラー」を回避する方法は、単純に考えると社長の意思決定を疑うことです。

　しかし、社員がこれをすれば、社長は気分が悪くなります。

　さらに、社長の意思決定を疑う社員の実行力も落ちます。

　そこで、私が行った方法は、MMを担っている中間管理者または経営幹部層に中期事業計画書を定期的に見直させ、考え続けさせることです。

　当社では、半年に一度、部門長が事業計画を見直し、経営計画発表会をしています。単年度の経営計画は、過去の延長線上の計画になりがちですが、ビジョンから逆算して作ることが大切です。

　中期事業計画を定期的にアップデートすることで、思考の連続性を保

つことができます。

■ 図1-5　3つの仕組み化とボトムアップ経営

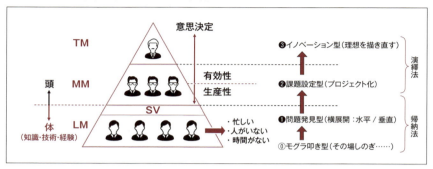

　有能な経営者は、24時間、自社のことを考える習慣を持っています。
　それに近い習慣を幹部に身につけさせることが必要となります。
　トップマネジメントである社長が戦略を選択し、意思決定を行う時、その**戦略の「有効性」**を検討します。
　しかし、意思決定がなされた後、盲点になるのは、「他にもっと良い事業機会はないのか？」、「他にもっと優れた戦略はなかったのか？」という問いかけです。
　意思決定をする過程では、この問いかけはするものの、一度、決定された後も継続的にこの問いかけがされることは少なく、**戦略の実行**に目が向きます。

　この問いかけを続けることが、**「知識の省略エラー」**を排除する方法で、常に機会利益の喪失を網羅的に検討し続ける方法です。
　経営者は、意思決定する時に、当然、自分の意見が正しいと思って行います。
　つまり、自分が選択した戦略の有効性を頑なに信じ込むことがあります。
　これが知識の省略エラーにつながり、機会損失が発生する可能性が生じます。

　全ての企業の戦略はやがて陳腐化し、その有効性が失われます。

知識の省略エラーを排除することで、次のイノベーションを起こす機会を得るのです。
　この方法が、「両利きの経営」でいう**「探索」**に当たります。
　この探索を社長だけでなく、幹部も常に行うことを「仕組み化」することが、幹部が常に中期事業計画書を作り、アップデートし続けることです。

　もちろん、幹部から本当に良いアイデアが出るかは、幹部の日頃の経営に対する関心度によりますが、少なくとも社長が1人で考えるよりはマシといえるでしょう。

　実際に当社では、社員が提案だけでなく実行し、クロスボーダーM＆A事業など、事業化できたものもあります。
　このような戦略提案がMMから上がる仕組みが、TMに対するボトムアップ経営となります。

■ 図1-6　MMからTMへの戦略提案

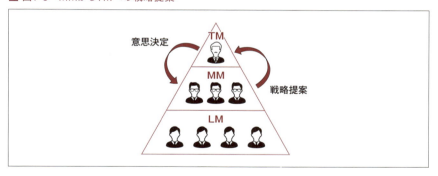

　また、MMに関しては、2つの役割を整理して考えることが重要です。
　①TMに対する**戦略提案（ボトムアップ）**
　②LMに対する**「実行」の生産性の管理（トップダウン）**

　MMにとっての「実行」は、自分が直接作業を行うのではなく、部下であるLMの業務の生産性を上げ続ける「仕組み化」の推進です。

これは、業務の現場監督（SV：スーパーバイザー）とは、根本的に異なり、作業を「完了」させることではなく、「変化」させることが役割です。

効率性・生産性を効果的に上げる方法として、TOC（Theory of Constraints：制約理論）の概念が参考になります。

これは、実行において何が「ボトルネック」、「制約条件」なのかにフォーカスすることです。

ここに仮説を立てて、集中的に改善することが、効果的なアプローチとなります。

コラム　人の育成は「強み」、組織の育成は「弱み」にフォーカスせよ！

人の「強み」を見て、適材適所の役割を社員に与えることが、企業が行うべきことです。社員は、自分の弱みでは、組織に貢献することはできません。

しかし、これが組織になると、常に組織の「弱み」がボトルネックになります。

これは、「桶の水」で例えられることがあります。

昔ながらの木で作られた桶に水を汲み入れる場合、どこかのピースが途中で欠けていれば、その高さまでしか水は入りません。

他の部分がどんなにしっかりしていても、最もダメなところで全ての成果が決定します。

工場で考えれば、どこかの工程の生産余力がなければ、その前の工程で仕掛品が溜まります。他の工程でどんなに生産余力があっても無駄になるのです。

これが「TOC」や「スループット」の考え方です。

MMでは、このように組織の弱みを見つけ出し、そこを集中的に改善

することが、効果的な業務のやり方といえます。

　2番目のボトムアップのアプローチは、LMからMMに上げる**カイゼン提案**です。

　この改善提案は、**「標準化」から「省人化」**へ生産性を継続的に向上させていくアプローチです。

　この生産性の管理はMMが行いますが、**全ての社員が作業ではなくカイゼンを中心に業務を行うことで生産性の向上が加速**します。

　これは、「標準化」に伴い、**「スキルリスク」**が**「規則リスク」**に移管されたのち、社員全員で規則リスクの低減を改善活動で継続的に行う方法です。

　単に規則を守るだけでなく、改善案を発見し続けようとする考えは**「網羅性」**の発想に結びつきます。

　このコンセプトは、長くトヨタで研究されてきたアプローチで**「トヨタ式カイゼン」**がLMのボトムアップ経営であり、**「全員経営」**につながる仕組みです。

　次に、トヨタ式カイゼンを自社に取り入れる方法を解説します。

07.

「トヨタ式カイゼン」から学ぶ「仕組み化」

　日本の企業で、「仕組み化」に最も成功した企業はどこでしょうか？

　私はトヨタ自動車だと思います。トヨタの長年にわたる「カイゼン」が世界のトヨタを作ったと言っても過言ではないでしょう。

　大野耐一氏を始めとする先人たちの知恵を我々も学ぶ必要があります。

　私は、トヨタが発明した沢山のカイゼンのための仕組みの中で、次の2つのコンセプトを「仕組み化」の枠組みに使いました。

　「仕組み化」とは、一度行えば終了するような静的なものではなく、絶

えず変化させ続ける動的なものです。

　常により良いものを目指してカイゼンし続けるための枠組みが重要になります。

■ 図1-7　トヨタ式カイゼン

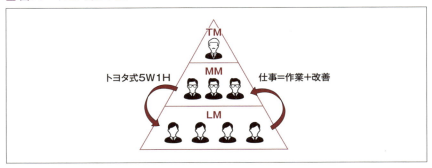

（1）仕事＝作業＋改善

　どんな企業でも、改善は重要だと分かっています。

　しかし、社員は改善することがメインの仕事ではなく、**「作業」が仕事**で、**「改善」はプラスα**と無意識に仕事の定義をしています。

　改善をプラスαと認識すると、社員からは**「人がいない」**、**「時間がない」**、**「忙しい」**から改善ができないという声が上がってきます。

　一方、トヨタでは、**改善まで行って初めて仕事**をしたと言われます。

　逆にいえば、**「改善がなければ、仕事ではない」**と言われます。

　このような**「規律」**が作られ、日々**「実践」**を通じて、規律を**「習慣」**にさせていきました。この習慣が長い年月を経て、トヨタの**「文化」**になったのです。

　企業文化まで行き着くと、簡単に他社には真似ができなくなります。

　トヨタの「ジャストインタイム」や「カンバン方式」も多くの企業が見学に訪れましたが、簡単には真似できませんでした。

　それは、**単なるシステムではなく、「文化」**だったからです。

これがトヨタの真の「強み」なのです。

規律→実践→習慣→文化

上記の流れが、社員に定着することで、トップからの指示に従うのではなく、自らカイゼンし続けるという**「ボトムアップ経営」**につながります。

ボトムアップ経営とは、言葉では簡単ですが、実際の運用は、気の遠くなるような努力と習慣があって初めて成立するものなのです。

その意味で、トップダウンを補完するためのボトムアップ経営を行うためには、長い年月と努力と覚悟が必要になります。

「仕事＝作業＋改善」という発想は、部下から上司に情報が提供される**「ボトムアップ」**の発想につながります。

（2）トヨタ式5W1H

トヨタには、**「トヨタ方式5W1H」**という考え方があります。

通常の5W1Hというのは、「いつ・どこで・誰が・何を・なぜ・どのように」と考えます。

しかし、トヨタの5Wは、**「全てWhy」**なのです。

徹底的に**なぜ、なぜ、なぜを5回以上繰り返す**ことで、**真の問題を探り出す**考え方です。

そして、「真の原因」を抽出し、**最後に「どのように解決すべきか？」**（How）を考えます。

表面的な原因に囚われるのではなく、一度発見した結論をさらに「なぜ、なぜ、なぜ」と合理的懐疑心を持って否定し続けることは、**「弁証法」**に通じる考え方です。

また、真の問題の解決は、**行動**と結びつける必要があります。

つまり、**「自責」**と考えなければ、自分の行動にリンクしないのです。

景気・為替・政治などの他責にすれば解決できません。

全ての問題は、誰かの問題ではなく、自分自身の問題と考えることが、最後の「How」には必要です。

トヨタ方式の5W1Hは、次のように使われます。

たとえば、工場のラインが止まってしまったとします。ラインが止まってしまった直接の理由は、Aという部品が足りなかったことを第一の要因として抽出できます。

しかし、Aという部品が足りなかったのが本当の要因ではなくて、Aという部品の在庫管理がうまくいっていなかったことが次の原因となります。

その在庫管理が問題であれば、管理の仕組みに問題があったのか、運用の問題だったのかを追究していくことができます。

何が「真の原因」なのかを追いかけ続けていけば、最後には、**管理可能な自分の問題**となります。

部下から上がってきた問題の事実報告や改善提案は、必ずしも真因までたどり着いていない可能性があります。

従って、上司は、常に「トヨタ式5W1H」を使って、問題の深掘りをして真の原因を探る責任を負います。

そして、解決策を現場への**アクションプラン**として提示しなければいけません。

これは、MMの非常に重要な役割です。

この意味において、「トヨタ式5W1H」は、**トップダウンの思考法**ともいえます。

仕事＝作業＋改善とトヨタ式5W1Hの2つの概念が合わさって、**情報が知恵の循環**となり、企業の**スパイラル成長**を助ける非常に優れたものとなります。

■ 図1-8　ハインリッヒの法則

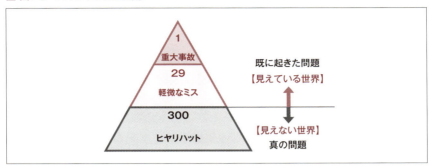

　これはMMとLMとの間の既存事業の **「深化」** と深く結びつきます。
　この図は、**「ヒヤリハット」** という言葉でも有名な、**ハインリッヒの法則**を表したものです。
　1つの重大事故の裏に、29の軽微なミスがあり、さらにその背景には300もの「ヒヤリ」、「ハット」する事象があるという考え方です。
　この考え方を「真の問題の原因」に結びつけて考えます。
　これはトヨタ式5W1Hアプローチの理論的な裏付けです。

　つまり、**目に見える既に起きた問題は、ハインリッヒの法則で言う1または29の問題**です。これだけに着目して、対処しても単なる「モグラ叩き」となります。
　それは、その背後に隠れている真の原因である300の要因を潰しこんでいないからです。

　このように考えると、「改善」は、300を日頃から徹底して見つけ出し排除することを意味します。

　「トヨタ式5W1H」は、1と29に着目して、起きた問題の真因である300は何か徹底して探ることにつながります。
　この弁証法的アプローチは、発生した事象や経験から一般化させていく **「帰納法」** を使っているといえます。

08.
組織の問題解決をするための 3つのアプローチ

さて、3つのリスク/エラー（知識・スキル・規則）を組織ヒエラルキーと起業家クワドラントに当てはめると次のようになります。

これは、組織の発達段階で、どの組織のレイヤーが重視されるかを分類したものです。

知識リスク/エラー　⇒　TM業務（起業家・企業家）
スキルリスク/エラー　⇒　LM業務（幹部）
規則リスク/エラー　⇒　LM業務（標準化）、MM業務（省人化）

■ 図1-9-1　起業家クワドラントと3つのリスク

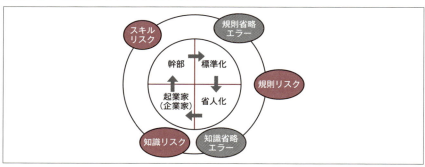

TM業務は、起業家が事業を始めようとした場合、何をビジネスとして選択するかという意思決定に関わります。

ここでの最大のリスク/エラーは、「知識」に関するものになります。

起業家が、自分の得意分野でビジネスを始めれば、起業家は、その分野でのスキルを持っているので、**スキルに関するリスク/エラーも低く**、自分が仕事をするだけなら規定も必要ないため、**規定リスク/エラーも低**くなります。

次に、ビジネスが軌道にのり、幹部に起業家が仕事を移管していく場合、起業家と同じように知識・技術・経験を持った人が必要になります。

逆に、これらが不足する人は、品質問題を起こす可能性があります。

従って、**幹部の時代は、スキルリスク/エラーが発生する可能性が高く**なります。

スキルエラーが高いのは、LMの組織に**「1万時間の法則」**が成立している状態で、経験を積んだスキルが高い人間しか業務ができない状態になっている時です。

スキル/リスクの軽減の方法は2つあります。

第1は、**有能な経験者を雇い続けて、スキルリスク/エラーを排除**する方法です。

この場合、組織は、**属人的**になり、かつ、労働市場では無限に有能な経験者がいるわけではないため、どこかで成長がストップし、組織は**「少数精鋭」**部隊となります。

第2の方法は、**「標準化」**を進めて、経験者ではなくても仕事ができる状態に変えることです。

これは、プロセスイノベーションによって、**スキルリスクを規則リスクに転換**して、**全社員のカイゼン業務で規則リスクを減少**させるアプローチを取ります。

しかし、社員は今までの属人的なやり方に慣れており、マニュアルを作っても経験者は使う必要性を感じないため使われることなく、結局、元の属人的方法に戻ることが往々にしてあります。

規定の省略エラーが発生しやすくなるのです。

この後、「標準化」ステージから「省人化」に向かうためには、規則の**継続的ブラッシュアップ**が必要となります。

ここでは、生産性を高める方法が「仕組み」に依拠することで、「規則リスク」が高くなります。

これを乗り越えると企業は、大きく成長しますが、やがて組織が硬直

化し、**大企業病**に陥るリスクが発生します。
　この時に発生する問題は、**新しいことを模索しない「知識のエラー」**が大きくなることです。

　会社が成功するほど、それが**「サクセス・トラップ」**となり、**「知識の省略エラー」**が大きくなります。
　これを恒常的に低減させるアプローチが**「両利きの経営」**で、常に**真のイノベーションを「探索」**し、知識の省略エラー、機会損失を回避します。

　これらを前提に、3つのリスク/エラーを構造的になくすためのアプローチを組織のヒエラルキーと合わせて考えていきます。

　私は、表面だけの問題に囚われ真の原因をなくさない**対症療法的アプローチ**を**「モグラ叩き型」**と定義しました。
　企業の行う改善・変革が、モグラ叩き型に陥らないようにするために、次の3つのアプローチを各階層で使うことが有効となります。

　LM　⇒　**問題発見型**アプローチ
　MM　⇒　**課題設定型**アプローチ
　TM　⇒　**イノベーション型**アプローチ
　これらのアプローチは、あるべき目的との関係で行われるものです。

■ 図1-9-2　エラーをなくす3つのアプローチ

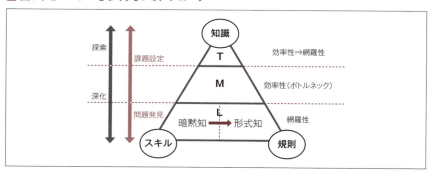

（1）問題発見型アプローチ

　基本的に課題は、次のように示されます。

　理想－現実＝課題

　LMに所属する一般社員であれば、目標管理のような形で会社の目標が各社員にブレークダウンされ、各々数値が与えられることがあります。

　例えば、営業担当者が予算未達になっている場合、既に問題として発生しているためその解決方法を発見することが必要になります。

　このように、既に未達と分かっている項目に対して、問題解決方法を発見することを**「問題発見型アプローチ」**と呼んでいます。

　これは、事実や実際の経験から発生する**「帰納法的アプローチ」**といえます。

（2）課題設定型アプローチ

　これに対してMMは、上位の観点で物事を考えて根本的に変化させることが必要になります。

　かつて松下幸之助氏は、「『3～5％コストダウンせよ！』と指示すれば、現場は『既に色々改善しました。もうこれ以上無理です』と回答します。

　しかし、『30％、50％コストダウンせよ！』と言えば、現場は、新しい発想を考えて、実際に達成してしまう」と言われました。

　このように**MMの課題設定の方法**は、与えられた3～5％というコスト削減（これはLMの仕事）ではなく、**あるべき理想的な姿から根本的な課題設定**を行うことが求められます。

　これも一種のプロセスイノベーションで「標準化」から「省人化」に変化する発想法です。

　MMに所属する人は、**LMより大きな視点で構造的改革**をするための「課題設定型アプローチ」が要求されます。

　これは、**仮説や論理から導き出される「演繹的アプローチ」**と考えられます。

コラム 真の問題が解決されない本当の理由

「モグラ叩き型」アプローチの特徴は、発見した問題に対して**トヨタ式5W1H**を使用していないため、**問題の深掘りがなく「真の問題」に到達していない**ことです。

この場合は、対症療法的なアプローチになるため、似たような問題が再発するという特徴があります。

例えば、ある社員がミスをして、それを発見した上司がミスに対処して事なきを得ました。

しかし、部下のミスの原因が、仮にトレーニング不足が真の要因であれば、同じようなミスは今後も繰り返し起きます。

上司が発生したミスを直しても、それは対症療法であり、本来はこれを行うと同時に部下の再トレーニングを行わなければいけません。

ただし、真因を発見して直すのは、対症療法的アプローチより数倍の時間がかかるということです。

文章にすれば単純なことですが、実務では、ほとんどの企業が「モグラ叩き型」のアプローチで終わっています。

当社でも海外法人の滞留債権を洗い出すのに何日も要したことがありました。

マネージャーが相当な時間を使いやっとの思いで洗い出し、そして帰宅しようとしていました。

私は、「今からが本当の仕事で、『なぜ、滞留債権が発生したのか?』『これが二度と起きないように対処するにはどうすべきか?』を考えなければ意味がない。『滞留債権を洗い出した後が本当のマネージャーの仕事ではないのか?』」と言いましたが、マネージャーは結局、そのまま帰路につきました。

もちろん、普通の社員ならこれでも良いですが、マネージャーであれば、もう少し責任範囲を広げて、ここが本気で仕事をする場面と考えて欲しかったです。

当然、これは、「モグラ叩き型」アプローチなので、同様の問題がその後も何度も発生することになりました。

緊急性の高い業務は誰でも対応できます。

しかし、この対応は所詮、モグラ叩き型対症療法に過ぎません。

真因に対処することは、重要性の高いテーマで、多大な時間を要するものです。

長い人生の中でトータルの成果を考えると、重要性を先送りし、緊急性の対処だけをしている人は、同じ問題に対処し続けなければならなくなります。

結果として大きな成果を上げることができません。

重要性の高いテーマで、真因を解決できる人は、短期的には非常に苦しい状態になりますが、先送りするよりはるかに大きな成果を手に入れることができます。

人生は、どこかで強弱をつける時期があり、本気で頑張らなければいけない時期に、それを先送りした人は、最終的には人生に失敗します。

(3) イノベーション型アプローチ

イノベーション型アプローチは、ビジョンに従った**「理想」とは何かを再定義**し、会社の**「あるべき姿」から課題設定**するものです。

真のイノベーションは、**経営者が「企業家」**になるための要件です。

既存の事業や戦略は、常に陳腐化のリスクにさらされているため、**イノベーションを起こすことが、経営者の重要な役割**です。

下請型で行っている企業は、経営環境の変化で一気に業績が悪化することがあります。

経営環境は、**「自分が予測する以上のスピードで変化する」**という前提条件に立つことが、経営者としては健全で保守的な考え方といえます。

我々は、予想屋ではないので、保守的に行動していて、予想が外れても何の問題も起きません。

　逆に、自分が予想していた以上に早く環境が変化すれば取り返しがつかないことになります。

　TMは、**「知識エラー」**を防ぐことが最も重要で、これがイノベーションにつながる発想です。

　「今行っていることが戦略的に正しいことなのか」
　「もっと良いものがあるのではないか」
　と問いかけ続け課題設定することが**イノベーション型アプローチ**の特徴です。

　トップのみではなく、中間管理職からこのような戦略提案ができるようになると「知識エラー」が発生するリスクは減少していきます。

コラム　カイゼンは横展開を考える

　カイゼンをモグラ叩き型で終わらせないためには、「改善案の横展開」ができるかを考えることも重要です。

　例えば、自社のホームページに既に退職している社員の写真が載っていたとします。これは、修正が必要と思い、HPのみの修正をするのであれば、モグラ叩き型になる可能性があります。

　では、この問題を一般化するにはどうしたら良いのでしょうか？

　他にも同じように退職によって、消去しなければならないものがないかを考えることが必要です。
　例えば、グループメールの配信先に退職した人がまだ入っているので

はないか、社内システムのパスワードも今まで使っていたものから変更する必要があります。

このように、退職という事実から想起できるリスクの範囲を広げて考えていくことが重要です。

これは、人が辞めた時に起きる問題を一般化し、目に見えるHPのみならず、そこから横展開できる問題はないかを探ることが重要です。

横展開は、部門を超えて提案することになります。

この時は、自部門にとどまらないため、問題解決のためには強い「リーダーシップ」が試されます。

このリーダーシップは、非常に力がいることのため、人によっては自部門だけで解決できる問題提起をする人がいます。

しかし、どれだけ影響力がある提案ができるかが質的重要性で、ここを評価基準にリンクさせることが効果的です。

09.

仕組み化は「標準化」から

最初に行うべき「仕組み化」は、**暗黙知を形式知に変えるプロセスイノベーション**です。

端的にいえば、**「標準化」**を行うことです。

（1）ロワーマネジメントの仕組み化は「標準化」から

標準とは、「認識を共有するために、ヒトや物、情報やサービスを繋ぐための取り決めであって、普及したもの」（日本規格協会ウェブサイト参照）を意味します。

標準化は対外的なものと対内的なものに分かれます。

対外的なものは、「規格」です。

例えば、部品は製品に組み込むためのインターフェースが統一されていなければ、他社で作ったものを自社で使用することができません。

日本企業が海外に製品を輸出する場合もその国に合ったものにする必要があります。

新技術が開発された場合、何が世界的な「ディファクト・スタンダード」になるかの競争もあります。

かつては、ビデオレコーダーの規格競争として、松下のVHS対ソニーのベータが有名でした。

ただし、プロセスイノベーションとして行う「標準化」とは、社内における標準化です。

誰が行っても、同じ量の資源を消費して、同じ製品・サービスを提供できるようにすることを意味します。

属人的方法を排除して誰でも均一に製品を作り、サービスを提供できるようにする方法を意味します。

（2）標準化はブランディングにつながる

標準化には、生産性の向上、教育期間の短縮など、非常に沢山のメリットがありますが、その中でも企業ブランドの構築に大きく寄与します。

ブランドは、広告宣伝では作れません。

日々の社員のたゆまぬ努力が積み重ねられ、顧客の脳裏に少しずつ刻み込まれることで構築されるものです。

さらに、ブランド構築のためには、社員の日々の努力だけではなく、会社の「経営理念」や「経営哲学」の顧客への浸透が重要な役割を果たします。

経営理念、経営哲学には、2つの役割があります。

①顧客に対して、会社の存在意義、存在理由を伝える

　経営理念、経営哲学の第1の役割は、顧客に会社の存在意義を伝達することです。

　企業自体のブランディングに成功すると、顧客は、製品ではなく、その会社の存在意義を重要視します。

　顧客が企業のファンになるのではなく、伝道師となり、口コミで勝手に宣伝してくれます。

　ファンと伝道師の違いは、ファンは自分だけのものにしたいので他の人に薦めたいとあまり思いませんが、伝道師は、他の人にもぜひ使ってほしいと願います。

　ファンより伝道師の方が圧倒的に口コミ効果は大きくなるのです。

　企業が自社の存在意義（経営理念・ビジョン）を重視せず、製品機能だけを前面に押し出して販売する会社は、顧客は常に、価格と機能を競合他社の製品と比較し、その都度、買う製品を決めます。

　しかし、企業ブランドが浸透した顧客は、その企業の製品で統一したくなります。

　アップルは、ブランディングに成功した事例です。

　アップルの製品を選ぶ人は、それがアップルだからであり、マイクロソフトの製品を選ぶ人は、マイクロソフトではなく、MSワード・エクセルといった製品機能を選んだのです。

　スティーブ・ジョブズは、製品の価値を伝える前に、会社の存在意義を徹底して伝えました。

　このロジックは、『WHYから始めよ！インスパイア型リーダーはここが違う』（サイモン・シネック著、日経BP）に詳しく書かれています。

　これが、ブランディングを構築するための基本構造です。

　企業は、製品を販売するのではなく、**製品に「会社の哲学」を乗せて販売**することが大切です。

②社員に対して、会社の存在意義、存在理由を伝える

　経営理念、経営哲学の第2の役割は、社員と会社の存在意義を共有することです。

　社員と会社の目的を共有するのは、単に、経営理念、経営哲学を設定すれば良いというわけではありません。

　社員は、会社の内側から経営者を評価しています。
　良いところも悪いところも全て見えます。
　もし、社員が経営理念を単なる建前と考えれば、共有されません。

　経営者の本音は、「普段の言動」に表れます。
　それを、社員は真の経営理念と考えます。

　経営者は、社員に対して常に、情熱的に会社の哲学、存在意義を語り続けなければいけません。
　社員との間に信頼関係が構築できるかは、経営者の普段の言動次第です。

　社員が真に会社の存在意義を理解できれば、社員は、「おもてなしの心」を持って顧客に接することができるようになります。

　会社は、顧客に存在意義を伝えるために経営理念・哲学を作り、製品を通じてそれを伝えるのです。

■ 図1-10　ブランディングの基本構造

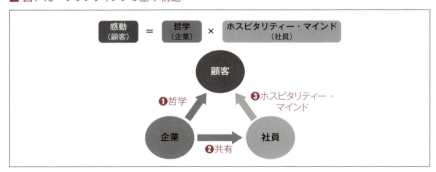

顧客の脳裏に製品ではなく、会社の価値を伝えることで、少しずつブランドは構築されていきます。

ブランド構築のためには、社員が顧客に提供するサービスが高いレベルで均一になっていることがブランディングの効果を高めます。
これが**ブランド構築のための「サービスの標準化」**となります。

（3）サービスの均一化とブランディングの成功事例
営業担当者が顧客に新たに製品・サービスを提供しようとする場合、次のステップが有効です。

①営業担当者が製品を売る前に自分を売り込む
顧客にとって、新しい製品は一般に知れ渡っておらず、世間の評価も伝わってきません。誰も、自分が最初のモルモットにはなりたくはないので、購入を躊躇します。

そこで、このような新製品に対しては、製品を売る前に**「自分を売り込め」**と言われることがあります。
営業担当者自身が顧客に信用されるように、差別化を図ることです。
ただし、このアプローチは、最初は有効ですが、サービスが人によって異なる属人的なものになります。
法人営業の場合、担当替えを行うことが難しくなります。

②企業哲学を製品に添えて売る
製品の機能や品質の紹介ではなく、製品の存在意義そのものを売るアプローチです。
ただし、このアプローチが人により均一でなければ、依然として属人的アプローチになります。
企業哲学を明確化して、「おもてなしの心」で営業担当者が製品・サービスを提供してもまだ十分とはいえません。

③高いレベルで均一サービスを実現する

「企業哲学」＋「おもてなしの心」＋「均一な高いレベルのサービス」

　この3つがそろい始めてブランディングのための条件が満たされます。

　均一な高いレベルのサービスは、もはや誰から買うかは顧客にとって重要ではありません。

　営業担当者の交代もスムーズに行うことが可能になります。

　ブランド構築に成功している企業に共通しているのは、製品の良さだけでなく、それを提供する店舗やサービスも一貫して良質であるということです。

　どの店舗に行っても同様のサービス品質や体験を期待でき、企業のコンセプトを実感できます。

　これは、企業理念や哲学が製品やサービスに組み込まれ、さらにそれらを提供する店舗スタッフなどの従業員がその理念や哲学を体現する伝道者として、適切な教育を受けた結果といえます。

製品の品質だけでは差別化はできません。

10.

LMの仕組み化で実現する「全員経営」
－ PDCA から SCAD へ －

　LMの仕組み化は標準化を行うことが基本となりますが、標準化の整備・運用をトップダウンではなく、**ボトムアップ**で進化させることができます。

　当社では、この改革によってLMが自律的に組織のレベルを高め、離職率低下、生産性・収益性を向上させることが実現できました。

　私はLMを中心に、経営を最適化させていくモデルを**「SCAD」**と名付けました。

　SCADとは、SのShareからスタートし、**Share→Check→Adjust→Do**、そして新たなShareにつながる循環を意味しています。

■ 図1-11　SCAD

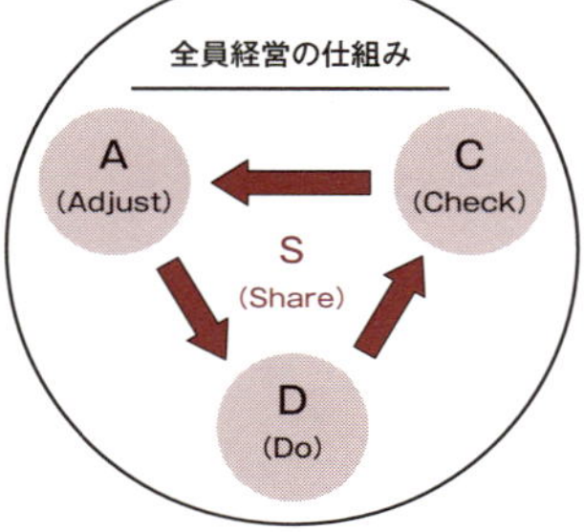

Adjustで組織の最適化を実現させていきます。

　これは、社員の知恵を集積して経営を行う方法で、コンピュータの世界で例えれば、**「オープン・ソース」**の機能のマネジメントへの応用といえます。
　「オープン・ソース」とは、ソースコードが公開されているソフトウェアのことで、無償で誰でも自由に改変し、業務やビジネスに取り込むことができるソフトです。
　代表的なものとして、オペレーティング・システムである「Linux」や、プログラミング言語の「PHP」、「Ruby」、「Python」などが有名です。

　SCADは、社内のオープン・ソースで、誰でも組織の中の仕組みの変更を促すことができます。
　TM・MM・LMの目に見える組織ヒエラルキーにある**「PDCAサイクル」**と、その下にある、目には見えない部分に**「SCADサイクル」**を組み込むことが有効です。
　これにより、**「トップダウン経営」**の良い部分を残しつつ、**「ボトムアップ経営」の仕組み化**ができます。

　この2つの構造とは、ソフトウェアでいえば**OS（オペレーティング・システム）とアプリケーションソフトの関係**に近いといえます。

■ 図1-12　OSとアプリの関係

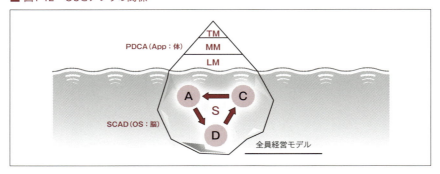

　アプリケーションに該当するのが、従来型のTM・MM・LMの**ヒエラルキー組織**による**マネジメントシステム**です。
　このヒエラルキーも、仕組みの中にあり、TMは戦略の意思決定、MMは戦略の提案と生産性の向上、LMは戦略の実行というように役割に応じた機能を果たすことになります。

　しかし、アプリケーションソフトだけではコンピュータは動作しません。
　ベースとなるオペレーティング・システムが機能しているからこそ、その上でアプリが正しく機能するという関係になります。
　そしてこの**OSに相当する仕組み**が、「**SCADシステム**」です。

　SCADでは、一般的な社員が情報をシェア（S）することからスタートします。
　他者による検証（Check）→調整（Adjust）→実行（Do）の段階まで進むと「ボトムアップ経営」ができることになります。

　シェアからスタートし、上司がこれをチェック（C）し、新たな調整（A）の意思決定を行います。
　この意思決定されたものが、社員の実行（D）につながり、その実行により完了します。
　また、社員からシェア（S）されるべき事項の発見や課題設定によりこのサイクルが循環します。

SCADとPDCAとの違いは、以下のものです。

第1に、**PDCA**は、従来型のヒエラルキー組織で行われるもので、上層部の意思決定に沿った計画（P）から始まり、実行（D）で下部組織に降ろされ、再び上部組織が検証（C）するものです。

従って、これは従来型ヒエラルキー組織の**トップダウン**の一環で行われるものです。

これに対して、**SCAD**では、全ての社員が階層に関係なく、改善点をシェア（S）することから始まります。

その後、上司がそれをチェック（C）し、調整・意思決定（A）をするということになります。この意味において**ボトムアップ**の機能を持っています。

第2が、PDCAは、定められた特定の期間（年、月、週、日など）にわたり連続的に行われるものですが、**SCADは、期間の定めがなく**、常時、必要に応じて情報シェアがなされるものです。

第3が、PDCAは、目標達成のためのツールですが、**SCADは、問題解決、課題設定、改善**にフォーカスされています。

特定の問題解決にフォーカスされているので、新たなる課題設定がされない限り、問題が解決された時点でアプローチは終了します。

第4が、さらにSCADは、設定された目標そのものを疑う機能を持っており、**機会損失にもフォーカス**されています。

設定された目標を所与のものとして達成にフォーカスするPDCAよりも思考する範囲が広いのが特徴です。

SCADは、経営上の知識・スキル・規則に関わる省略エラーがないかを疑い、網羅的アプローチがとられます。

この意味において、SCADは、**デカルトの4原則**（明証の規則・分析の規則・総合の規則・枚挙の規則）をベースにしています。

SCADは、常時、網羅的に全ての経営に関する事柄に**合理的懐疑心**を持って検討するため、OS的な役割を果たしています。

PDCAは、SCADで検討され続けているテーマから、具体的に目標設定し、その達成を行うもので、いわば、アプリケーションの役割をしていると考えられます。

アプリは、目的に応じて使い分けることが可能です。

PDCAも設定された目標ごとに運用がされるものです。

しかし、SCADは、常に、PDCAで行われていることをモニタリングする機能を持っているため、目標設定が変わったとしてもアプローチそのものが影響されることはありません。

SCADは、主にLMを中心に行われますが、ヒエラルキーを超えてMM・TMの領域でも機能するコンセプトです。

なお、LMの仕組み化を阻む要因と解決策は第二章、理論的体系は第三章、具体事例は第四章で解説します。

11.

ミドルマネジメントの「仕組み化」

次に、ミドルマネジメント（MM）の「仕組み化」について考えてみましょう。

MMの役割は、次の2つです。

（1）TMへの戦略の提案（ボトムアップ）

これは、TMの考える目標設定・戦略策定にかかわる**「知識の省略エラー」**を排除する仕組みといえます。

（2）LMの生産性を高めること（トップダウン）

MMの役割は、LMのように個別の業務を完了させて終わりではなく、

事業の傾向を把握し変化させ続けることです。

　MMの「仕組み化」を行うには、変化を追いかけるために数値管理することが求められます。
　財務指標（KGI）からその原因となる**非財務の指標（KPI）**にブレークダウンして考えていくことが有効です。

　具体的には、利益目標を達成するために、売上やコスト、経費などを詳細に分析します。
　また、総資産を効率的に使用しているか理解するために、資産の種類やその使われ方を調べます。
　例えば、自社の固定資産（不動産、設備、機械）、在庫、キャッシュなどの各資産の状況、回転率などを分析し、それぞれが利益にどの程度寄与しているかを把握します。
　ここから、**財務指標の目標である「KGI」**を設定します。

　そして、財務指標からボトルネックを発見し、具体的な改善策をアクションプランとして策定します。
　このアクションプランをいつまでにどれくらい実行するのかを数値で認識できるように指標化します。
　これを**「KPI」**として設定します。

　非財務指標である行動（KPI）を変化させることで、財務指標の（KGI）の変化が得られます。

　MMの「仕組み化」については、第五章で詳解します。

12.

トップマネジメントの「仕組み化」

　最後にトップマネジメント（TM）の「仕組み化」について考えます。

TMの仕事の中心は**意思決定**です。

TMの意思決定は、「イノベーションや会社の持続的な成長」が重要なテーマとなります。

起業家はアイデアマンであることも多く、自身でイノベーションを起こすことができます。

しかし、企業を自分の人生よりも長く永続させていこうと考えると、自分がいなくてもイノベーションが起き続ける組織にしていかなければなりません。

そのためには、会社を変革させるという**「挑戦」**そのものを企業の**「文化」**にする必要があります。

幹部や社員から新しいアイデアが提案されることが必要です。

これらを、企業文化として浸透させることで、新たな戦略立案を経営者発で進めていく**「トップダウン経営」**から、**社長以外から発信される「ボトムアップ経営」**にすることが、TMの「仕組み化」の本質であるといえます。

TMの仕組み化は、企業の永続性にフォーカスしているため、事業承継にも役立ちます。

これができれば自分がいなくなっても、企業が**スパイラル成長**を描き続けることができます。

TMの仕組み化は、第六章で詳解します。

第二部 ● 準備

第二章

なぜ、経営者は「仕組み化」を先送りするのか?

01.

「仕組み化」のための
プロセスイノベーションと心理的ハードル

　「仕組み化」は、起業家クワドラントでいう「幹部」の時代から**「標準化」**への時代に転換する時に起きる**「プロセスイノベーション」**によってスタートします。

　これは、**「暗黙知」から「形式知」へ世界観が変わる**瞬間であり、経営者自身が職人的気質から真の経営者の仕事をする時でもあります。
　この時、**経営リスクが「スキルリスク」から「規則リスク」に移管**されます。

　この転換期は、経営者自身が過去の**職人的サクセス・トラップ**を脱却する必要があり、大きな価値観の変容が要求されます。

　このような価値観が変わる場面では、心理学でいう**「認知的不協和」**が発生します。
　これを解消する方法は、2つしかありません。

第1が、新しい考えを「素直」に受け入れること。
第2が、様々な理由をもとに「否定」することです。

　人間は、新しいことを受け入れるより、「否定」することの方がはるかに簡単です。
　結局、これがサクセス・トラップとなって組織は属人的な状態から脱却できず、「仕組み化」に失敗します。

　「仕組み化」は会社が成長し続けるための重要な要件ですが、
　「私は、会社を大きくしたいわけではない」などと経営者が発言してしまうのも現状を正当化しようとする心の表れです。

　もう1つ「仕組み化」を困難にする理由は、経営者が「企業の成長が、現在の優位性を失わせる」と考えるからです。
　暗黙知の世界では、企業のノウハウである優位性は、会社ではなく特定の個人（経営者・幹部）が持っています。

　企業が成長することは、組織が拡大（未経験者の採用）することを意味します。
　しかし、これにより**サービスの品質が低下**し、**競争力が損なわれる**可能性があります。

　私も独立当初に経験したのは、『私が直接、顧客にサービス提供すれば顧客は満足しても、経験の浅いスタッフによるサービスでは、顧客は不満に感じる』ことを経験しました。
　このような事が起きると、自分から仕事を手離れさせることができなくなります。

　有能な経営者・幹部が持っている職人的知識・技術・経験に依存して優位性を保っている企業は、未経験者を採用すれば製品・サービスの品質を維持することができなくなるのです。

なぜ、『中小企業は、自社の品質の高さを自慢するのか、即戦力を求めるのか』は、**属人的優位性で経営をしている**ことが根底にあります。

　しかし、個人の職人芸に頼っているようでは、その人間が退社するような不測の事態が起きれば、企業は立ち行かなくなります。

　経営者がこのような**戦略や組織の脆弱性に気づくこと**ができるかが、「仕組み化」の第一歩となります。

　「仕組み化」の本質は、戦略の優位性が特定の個人に依存することなく、組織が拡大しても戦略の優位性が損なわれない状態を作ることです。
　これが、企業が継続的に成長できる要件です。

　成果＝戦略×組織（実行力）

　プロセスイノベーションは、個人のノウハウを組織のノウハウに転換することなのです。これを行った企業のみが「**継続的な成長**」ができるようになります。

　最終的には、「仕組み化」ができなかった企業は、「**事業承継**」にも**失敗**するため、Ｍ＆Ａで会社を売却することになります。
　Ｍ＆Ａでの企業売却は、経営者として、経営に失敗したことと同じです。

　企業の売却は「最終手段」です。
　自分が育ててきた愛着ある企業を売却する前に、もう一度踏みとどまり、「仕組み化」に挑戦してみてはいかがでしょうか？

02.

社員の自主性を尊重するほど「仕組み化」が先送りされる

多くの経営者は、「社員の自主性を重んじ、主体性を大切にし、自分の頭で考えて行動してほしい」と考えます。

そのように考えるほど、組織は「属人化」していくのです。

結果として、経営者自身が「仕組み化」を先送りして、組織を属人的なまま放置します。

「仕組み化」は、新しいルール・制度を設計することでもあります。

このような意思決定ができるのは、経営者だけです。

自転車を漕ぐ時、最初のタイヤが1回転する時が一番きつい時です。

2回転目、3回転目は、社員でも漕ぐことができます。

しかし、1回転目となる「仕組み化」の意思決定は、企業のトップ以外にはできません。社員に任せてはダメです。

重要な意思決定を社員に任せれば、企業からリーダーが不在となります。リーダーシップを発揮することは、社長の重要な役割です。

また、社長が、「社員の意見を聞く」こともトラップになることがあります。

経営は多数決で行うものではありません。

「社員の意見を聞く」とは、信頼関係をつくることが目的です。

信頼関係の構築とは、社員との間に心理学でいう「ラポール」の状態をつくることであって、経営者の意見を社員に浸透しやすくするための手段に過ぎないのです。

誰が反対しようとも、自身の信念で「意思決定」を行うことが経営者の重要な役割です。自分が意思決定した以上、社員を巻き込み全社一丸で実行させることが「リーダー」です。

　人間は社会的動物で、社員は常に本能的に強いリーダーを求めています。決断力のないリーダーは、「弱さの表れ」と社員に見なされます。

　部下を統制できない経営者の特徴は、部下の合意を重視し、民主的に経営を行おうとする傾向があります。

　平時の時は民主的な経営は効果的ですが、重要な意思決定が必要な時、つまり**有事の時は、専制的リーダーシップ**が必要になります。

　特に、2代目経営者は、創業者である先代のワンマン的・専制的・暴君的経営に辟易としているところがあり、民主的、サポート的な**「サーバントリーダーシップ」**を常時使う傾向があります。

　しかし、有事の時もサーバントリーダーのままでいれば、リーダーとしての弱さを社員に見せることになります。
　経営が安定している時は、平時の時なので、サーバントリーダーシップは、通常は有効ですが、重要な意思決定の場面では、真のリーダーにならなければいけません。

03.

「少数精鋭」にこだわれば、「仕組み化」の必要性は感じない

「うちの会社は少数精鋭がモットーだ！」
中小企業の社長から、よくこのような言葉を聞きます。

　少数精鋭は、組織としての1つの均衡点です。

経済学でいえば、パレート最適な状態であり、これも成長するためのトラップとなります。

成長とは、今よりも有能ではない人材の採用を意味し、品質低下を招く要因であり、最適な状態を壊す要因となるのです。

なぜ、多くの中小企業の経営者は、**「少数精鋭」のトラップ**にハマるのか？

「精鋭」を意識することで、社員一人ひとりが高いスキルや専門知識を持たなければいけません。
つまり、組織全体にスキルリスクである「1万時間の法則」が成立しており、人材育成に多大な時間がかかる状態になっています。

少数精鋭を目標設定している経営者は、自社の社員のレベルの高さを自慢することもあります。
しかし、これが経営的には**「スキルリスク」**が高くなっている、つまり組織の脆弱性につながる事実に気づかないことがあります。

このような組織は、離職率は低く、特に組織の平均年齢が30代から40代前半の時は、爆発的パワーを持つことがあります。国でいえば、「人口ボーナス期」となります。

しかし、この時代を過ぎると**組織の高齢化**がすすみます。
事業承継も難しくなり、実質、企業は初代一代限りとなるケースが多く見受けられます。

経営者が「少数精鋭」という発想を捨てることが、会社にとって新たな成長の一歩となります。

コラム　アイデアで起業する人　スキルで起業する人

　アイデアで起業する人は、新しい何かを世の中に提供するため、資金を調達し、組織を作り上場を目指します。

　つまり、最初から「経営者の仕事」をします。

　これに対してスキルで起業する人は、自分の所属した業界において有能と認められ、同僚よりも高い成果を上げた人です。

　このような人は、その業界でリーズナブルな価格を提示すれば、能力の高さ故、簡単に受注することができます。

　仕事を作り出すことには苦労せず、仕事をこなすことにフォーカスします。

　結果として「下請的な業務」に陥ることもあります。

　このような形で起業した人は、「少数精鋭」組織になることがあります。

　「スキル」による差別化ではなく、「組み合わせ」により新しい何かを業界の中で創造できるようになれば、大きく飛躍するチャンスがきます。

　私が一番大きく成長したきっかけは、会計事務所と経理派遣の組み合わせを行ったことです。それによって、社員が6名から400名超に一気に伸びました。

　派遣事業を行うことは、業界の中では批判もされましたが、革新的サービス提供だったと思っています。

04.

「うちの会社はそんな簡単に 標準化できない」と思うトラップ

　人間は、自分の仕事に誇りを持ちます。
　この**「自尊心」がトラップ**になるのです。

　中小企業の経営者や幹部は、**「うちの会社は特殊だ」**と言うことがあります。
　特殊とは、戦略的な**差別化要因**を持っているという意味です。
　差別化されていなければ、市場で勝つことはできません。

　しかし、この特殊性を自分が強く信じてしまうと、**他社から学ぶことができなく**なります。
　他社や経営書から学び、自社にその方法を吸収するためには、**「一般化」**することが必要となります。
　特殊と思えば、それがフィルター、バイアスとなって学びの吸収力を妨げます。

　また、この**「特殊だ」**という思い込みが、**「うちの会社はそんな簡単に標準化できない」**という**標準化を阻害**する大きな要因ともなります。

　経営者や幹部が**「標準化は我々のような複雑なビジネスには適さない」**と考えることで、無意識のうちに標準化を困難なものにします。

　経営者が自身で「標準化はできない」と決めつければ、暗黙知の世界から抜け出せないのです。「複雑だからできない」という考えも構造的なトラップです。

　組織のノウハウ、暗黙知というのは、そもそも**複雑**なものであり、それを**「単純化」（Simplification）**させることが**「標準化」**なのです。

「複雑だからできない」のではなく、**「複雑だからこそ」標準化する意味がある**のです。

05.
発生頻度と難易度から考える標準化の効果

「標準化」を考えるに当たり、業務の**「発生頻度」**と**「難易度」**の関係を理解することが大切です。

業務を発生頻度(高い、低い)と難易度(複雑、簡単)の4象限マトリックスで分類してみます。

■ 図2-1　発生頻度と難易度から標準化の最大効果を考える

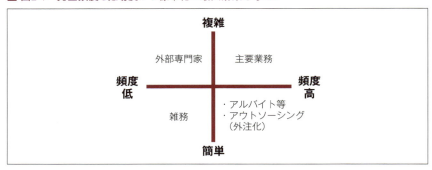

①高頻度・複雑な業務

右上領域は、会社のメイン業務で、会社の**「ノウハウ」**が詰まっている部分です。

これらの業務は頻繁に発生しますが、複雑かつ判断や分析を必要とするため、**標準化が困難**な部分です。

しかし、このような領域は、当社だけではなく**競合他社にとっても標準化することが難しい**領域です。

仮に、当社が競合他社より標準化を推し進めることができれば、**コスト優位**に立つことができ、市場において圧倒的優位な立場になる可能性

があります。

②高頻度・簡単な業務

　右下は、いわゆる**「単純作業」**で、**標準化は比較的簡単**にできる領域です。

　例えば、日々のデータ入力、受発注処理、請求書の発行、在庫管理などが該当します。

　繰り返し行われるルーチン業務であるため、標準化により効率化とミスの減少、クオリティアップが期待できます。

　また、**機械化・IT化・外注化**も容易で、この業務の標準化は、①の領域に投入できる人員や時間を増やし、付加価値を増すことで利益率を向上できます。

③低頻度・複雑な業務

　左上領域は、**高度な専門知識や判断**が求められるものの、**稀にしか発生しない**業務です。

　例えば、商標登録、登記、年に一度の税務申告などが該当します。

　ここも標準化が不可能ではありませんが、発生頻度が低いため標準化の効果が大きくありません。

　このような領域は、自前主義にこだわるのではなく、**外部の専門家を利用**するなど柔軟なアプローチが必要です。

④低頻度・簡単な業務

　左下の部分は、いわゆる**「雑務」**です。

　業務自体の棚卸を行い、見直しをすることで業務量自体を減らすか、なくす方向に持っていくことが必要です。

　このように、社内の各業務の発生頻度と難易度を理解することで、自社において標準化すべき対象を洗い出すことができます。

06.

賢者の盲点
－ 全ての業務は判断と手続に分類できる －

　自社の中で、当たり前と思われていることが、**「灯台下暗し」**となります。
　業界や会社に精通していればしているほど、逆に見えないものが発生し、これが**「賢者の盲点」**となります。

　標準化をするためには、**「常識を疑う」**ことが重要です。

　まず、**『我々の業務は、本当に標準化できないのか』**を再考するために、現在の業務を、**判断（意思決定）**と**手続（実際の作業手順）**に分けて考えてみます。

■ 図2-2　判断と手続

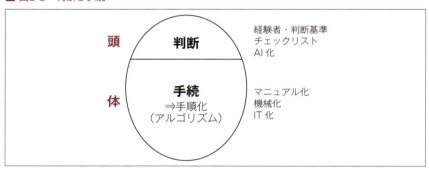

①**判断には、知識・技術・経験**が必要
　判断は、経験者でなければできないことが多くあります。
　逆に、経験者であれば判断は、過去の経験から瞬時に行うことができます。
　直感も過去の経験なので、経験者は感覚で多くの判断をしながら業務ができます。

判断の特徴は、時間がかからない反面、高いレベルでの知識・技術・経験を要することです。

②手続は、手順化が可能

手順とは、IT用語でいう「アルゴリズム」に該当するもので、手続業務は、機械化、IT化、DX化が可能な業務となります。

業務を手続化・手順化できれば、「省人化」できる可能性があります。

手続の特徴は、判断と異なり圧倒的に時間を要する業務です。
「標準化」すべき対象は、この手続業務となります。

ただし、手続業務でも職人芸のように多大な時間を要する領域もあります。
例えば、大工が鉋で木を削る業務、かつての旋盤工も職人的な技が必要でした。
しかし、現在の多くの住宅では組み立てるだけのパネル工法やNC旋盤の発明で手続業務の技術革新が図られました。

つまり、手続業務は、多大な作業時間やスキルが要求されるため、機械化、標準化の対象となるものです。

そして、この業務に関わる人は「忙しい」と感じます。

問題は、業務を判断と手続に分離して考えない時に起きます。
特殊な判断は、経験者しかできませんが、業務を分離していないと手続さえも経験者が行わなければならなくなります。

結果として、経験者が常に忙しく、「部下を育てる時間がない」といった思考に陥ることがあります。
現代は、「背中を見て覚えろ」という時代ではなくなったので、最初に行うべきことは、自分の業務から手続化できる部分を抜き出すことです。

かつて大前研一氏が著書『企業参謀』（講談社）の中で、理髪店の業務を分析して本当に付加価値のある業務は、カット業務のみで、シャンプー、ドライヤーなどの業務は、付加価値の低い業務と分析しました。

　そして、この本を読んでそのまま実践したのがQBハウスの創業者である小西國義氏です。
　小西氏は、理容業界とは全く無縁の人でしたが、逆に業界の常識に囚われることなく革新的ビジネスができました。

　このように、最初から無理と考えずに常識を疑うことが標準化の第一歩です。

07.

判断基準は
チェックリストで「仕組み化」できる

　業務を判断と手続に分離して、まずは、手続を**手順化できれば、マニュアル化**も可能となります。
　この先には、**機械化、IT化も可能**となっていきます。

　では、判断業務に関しても効率化できないかが次の課題となります。
　近年、この判断業務にメスを入れたのが、**AI**です。

　判断とは、手続のように同一業務の繰り返しではないので、非常に機械化は難しい領域です。
　ではなぜ、人は、その判断を瞬時に行うことができるのでしょうか？
　これは、過去の経験・知識に基づき**類似業務**を頭から瞬時に引っ張り出して適応しているからです。

　判断の本質は、**類似性が高いほど簡単**で間違えにくくなります。
　また、類似性の低い全く新しい**非定型的意思決定には、時間を要する**

だけでなく、**エラー**も起きやすくなります。

AIがビッグデータを分析し、この**類似性に基づいて「判断基準」**を作れば、判断もまた人ではなく機械が行うことができます。

さらに人を脅威にさらしているのは、人は自分の経験値でしか判断ができませんが、ビッグデータは、**他人の経験値も集約**することができます。
類似性の低い非定型的意思決定の領域でも大量のデータを集めることで、定型化が可能になっていきます。
この段階に入ると、機械が人の判断能力よりも優れることになります。

このような判断領域で、先にAIを活用した企業は、していない企業より圧倒的な優位性を持って市場を席巻する可能性があります。
技術革新が起きた時は、**「脅威」**でもありますが、小さな会社が大きな会社に勝てる**「機会」**にもなります。

判断を経験の乏しい人でもできるようにするためには、上司が部下の仕事をチェックする時のポイントである**判断基準を言語化**すること、これが**「チェックリスト」**となります。
これを**先に部下に渡して、セルフチェック**させることが重要です。
その上で上司がチェックした時に改善すべき項目があれば、チェックリストそのものをアップデートし続けて、上司の判断基準を伝承することが効果的です。

これは、**手続の標準化、マニュアル化よりも簡単かつ非常に効果的**なので、これを先に行うことをお勧めします。

これを行うことで、判断と手続の分離も明確になり、その後の手続のマニュアル化もスムーズに行えるようになります。

コラム　ブックオフが行った判断の標準化

　判断業務そのものをなくすことで、判断の標準化を成功させた企業があります。

　これは中古本の買取・販売を行っている「ブックオフ」（ブックオフコーポレーション株式会社）です。

　同社の主力事業は「古本の買取・販売」であり、この標準化に成功し、古本屋を全国規模に展開することができました。

　一昔前は、古本の買取は、店主の"目利き"により、本の価値を判断して、買取価格、販売価格、販売までの在庫日数などを考える職人的な業務でした。

　特に、買取価格の決定には、長年の知識と経験が必要とされる属人的業務で、多店舗展開が難しいものでした。

　しかし、ブックオフは、これを「誰でもできるように」するため、定価を基準に買取価格、販売価格を機械的に決めました。

　これにより、「本当はもっと高く売れるものも安く売ってしまうリスク」（機会損失）は伴いますが、それより、仕入と値付けを機械化させることで、他の古本屋よりトータルで圧倒的利益が出せるようになりました。

　これも業界の常識に囚われない難しい判断業務でさえ、「標準化」させ業界地図を塗り替えた事例といえます。

08.

標準化しなければ
「ムリ・ムラ・ムダ」はなくならない

　「標準化」は、ビジネスプロセスを改革し、短期間で明確な成果をもたらす手法です。

　特に「ムリ・ムラ・ムダ」をなくすためには、標準化が不可欠といえます。

　逆に、標準化を図らず、特定の個人の力量に頼っている間は、会社に「ムリ・ムラ・ムダ」が常に発生し続けます。

（1）ムリをなくす方法

　ムリ（無理）とは、過度な負荷がかかっている状態で、特定の人や部署に仕事が集中している状態です。

　残業時間の多さにより、ムリがあるかが簡単に分かります。

　仕事量が多く、残業が恒常的になっている場合、放置すれば心や身体に不調をきたします。

　標準化によって、「この人でなければできない」という属人的な仕事を減らすことが可能となり、業務のムリが削減されます。

　社員が適切な負荷のもとで働くことができる環境をつくることで、ストレスによる体調不良や離職率の低減が見込めます。

　また、社員の満足度を高めると同時に、企業の生産性と効率性を向上させる結果をもたらします。

（2）ムラをなくす方法

　ムラ（斑）とは、個人や部署間で業務量の偏りが大きかったり、同一の部署内でも時間帯や週によって業務に偏りがあったりする状態をいいます。

特定の人や部署が恒常的に残業をし、「ムリ」が発生していても、別の人や部署はほぼ常に定時で仕事を終えているような状態は「ムラ」があるといえます。

　このようなムラは、**残業に偏り**があれば見つけやすいですが、発生していない場合は分かりづらいものです。
　人は、仕事がない時でも、ゆっくり仕事をするなど調整を無意識にするため、仕事に**「標準時間」**の設定がされていないと発見は困難になります。

　ムラをなくすためには、「標準化」、「マニュアル化」をした後に業務の**ローテーション**を行うことが有効です。
　社員が多能工になれば、特定の部署が忙しい時は、他の部門から**「応援」**に駆けつけることができます。

　多能工として社員を育てていない企業では、社員一人ひとりの業務が専門化してしまい、その人にしか分からない状態になるためムラが解消できません。

（3）ムダをなくす方法

　ムダ（無駄）とは、価値を生まない業務、やらなくても誰にも影響しないような仕事です。

　ムダを発見するためには、業務を**付加価値業務と非付加価値業務**に仕分けをして、何が価値を生み、何が価値を生まないのかを知ることです。
　その上で、非付加価値業務の割合を少なくするような目標設定をして業務効率化を図ることが重要です。

　例えば、不要な会議を削減し、ITを活用した効率的な情報共有の方法の導入などが考えられます。
　工場では、**段取時間**、**アイドリングタイム**をいかに削減するかが重要となります。

標準化によって「ムリ、ムラ、ムダ」を排除し、改善することが、企業の生産性・収益性をアップさせ継続的成長をするための必要条件となります。

09.

「標準化」⇒「均一性」⇒「新卒採用」⇒「企業ブランド」

「標準化」は、単に生産性を向上させるだけでなく、**新卒採用**や企業**ブランドの構築**にも効果があります。

標準化は、業務の**「均一性」**を図り、業務効率を高めるものですが、この結果として、特定の人による品質の差がなくなります。

標準化は、暗黙知を形式知に転換するための**「マニュアル化」**が可能となります。

業務がマニュアル化されることによって、**「教える仕組み」**ができ上がり、「新卒社員」でも採用することができるようになり、結果として、人件費の削減につながります。

また、**マニュアル化**は、**ジョブローテーション**が可能になります。

逆に、ジョブローテーションを行わないでマニュアルだけ作っても、作った本人である経験者は、マニュアルは必要ないためアップデートされることなく**「お蔵入り」**します。

ISOを取得した企業の多くが、ISO自体が形骸化していくのもジョブローテーションを行わないことが原因です。これを行って初めてマニュアルが活用できるのです。

さらに、**標準値を設定する場合、平均値ではなく、最も有能な人をベンチマークし、これを目標設定**することが大切です。

これにより高いレベルで標準設定されるため、結果として、恒常的に

第二章

なぜ、経営者は「仕組み化」を先送りするのか？

93

高品質が維持されることとなります。

　一貫した高品質の製品・サービスは、顧客満足度を高め、リピート率や顧客ロイヤルティの向上にもつながります。
　また、営業担当者を特定の顧客に固定させる必要もなくなります。

　これが企業の**「ブランド価値」**の向上に貢献します。
　企業ブランドの構築には、**「サービスの均一性」**は不可欠なのです。

　ブランディングは、広告で作られるような簡単なものではありません。
　継続的な顧客の体験によって、もたらされるものです。

　高いレベルでサービスが「標準化」され、誰からサービスを受けても顧客が同じ体験をできることがブランディングの最低条件です。

　標準化は、業務の効率化を超え、新卒採用、コスト競争力、労働環境、品質、さらにブランド価値を高めていく強力な手段なのです。

１０.

弾み車による「仕組み化」
改善スパイラル成長

　『ビジョナリー・カンパニー弾み車の法則』（ジム・コリンズ著、日経BP）では、「良い会社」から「偉大な会社」に飛躍するためのコンセプトとして**「弾み車の法則」**が紹介されています。

　「弾み車の法則」とは、**成功するためのストラクチャー**を作り、それを継続的にブラッシュアップ、改善し続けることで**スパイラル的成長**を行うものです。

　また、「仕組み化」は、部分的、一時的なものではなく、経営全般にわ

たり、継続的に改善し続けるストラクチャーです。

　従って、「仕組み化」は、ジム・コリンズが提唱した「弾み車の法則」との相性が良く、これに当てはめて考えることが有効です。

　標準化の手順と効果の連鎖を「弾み車の法則」に当てはめると、次のようになります。

■ 図2-3　弾み車の法則による改善の連鎖

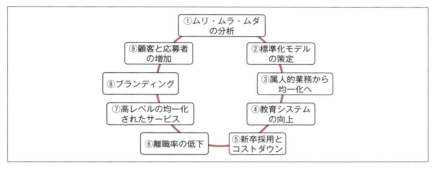

①ムリ・ムラ・ムダの分析

　「ムリ・ムラ・ムダ」の分析は、生産性向上への第一歩です。

　ムリは過剰な負荷、ムラは業務の偏り、ムダは不要な業務を指します。

　これらを詳細に分析することで、業務の非効率性や生産性の低下の原因が明らかになります。

　この分析は、改善策の方向性を決定し、具体的なアクションプランを立てるためのベースとなります。

②標準化モデルの策定

　ムリ、ムラ、ムダの分析をもとに、標準化モデルを策定します。

　標準化は、業務プロセスを効率化し、一貫した品質を保証するための枠組みです。

　標準化された作業手順、ガイドライン、品質基準を設定することで、社員が一定の品質と効率を維持しながら作業を行うことが可能になります。

この改善プロセスは、業務の可視化と再現性の向上にも役立ち、継続的な品質の向上と効率化を生み出します。

③属人的業務から均一化へ
　標準化の導入により、属人的な仕事が減少します。
　個人の能力に左右されることなく、**均一かつ高い品質**で行われるようになります。
　これは顧客満足度の向上に直結し、**ブランド**の信頼性を高める効果があります。

　また、属人的な仕事の減少は、若い、経験のない社員でも業務ができるようにするための、**教育システム**の整備にもつながります。

④教育システムの向上
　標準化されたプロセスと手順は、教育システムの向上につながります。
　社員が一貫した方法で業務を行うためのマニュアル等が存在することで、**新入社員や未経験者**のトレーニングが容易になります。

　これにより、**教育期間の短縮と教育の質の向上**が実現し、社員が早い段階で標準的な業務を行うことができ、組織全体の生産性を高めることができます。

　また、社員がスキルを習得し、自信を持って業務を遂行できるようになるため、社員の満足度も向上していきます。

⑤新卒採用とコストダウン
　教育システムの向上により、未経験者や新卒の採用が容易になります。
　標準化された研修プログラムを通じて、未経験者でも早期に戦力化ができ、効率的に作業をこなせるようになるため、会社側はより幅広い人材を市場から集めることが可能になります。

　この結果、**採用コストの削減**と労働市場における競争力が強化されます。

また、未経験者でも高いパフォーマンスを発揮できるようになるため、**人件費のコストパフォーマンス**が向上し、**全社的労働コストの削減**につながります。

⑥離職率の低下

効率的な教育システムのおかげで、**若手社員の離職率が低下**します。

社員は、研修と明確なキャリアプランを通じて、自身の成長と会社への貢献を実感することができます。

これにより、**社員の満足度**が高まり、**定着率が向上**します。

社員の定着率の向上は、採用コストの削減と人材の質の保持、そして組織の安定と生産性の向上につながります。

⑦高レベルの均一化されたサービス

社員の定着率の向上と効率的な研修システム、標準化されたプロセスと品質基準は、**高品質かつ均一なサービスの提供**を実現します。

人によるばらつきのない継続的な高品質のサービス提供は、**顧客満足度の向上**、リピート率の向上や口コミによる新規顧客の獲得が期待できます。

⑧ブランディング

高レベルで均一なサービス提供は、会社の**ブランディング**に大きく寄与します。

均一かつ高品質なサービスの提供は、ブランドの信頼性と評価を高め、市場での競争力を強化するための必須条件です。

優れたサービス品質と顧客満足度は、ブランドの強化と差別化に直結し、市場での評価を向上させます。

⑨顧客と応募者の増加

顧客からの高い評価とブランドへの信頼は、**新規顧客の獲得**につなが

ると同時に、会社に対する魅力を高め、**優秀な人材**が集まりやすくなります。

優れた人材の採用は、会社の革新と成長をさらに推進し、サービスの質を高めることにも寄与します。

新規顧客と優秀な応募者の増加により、企業の持続的な**成長サイクル**が形成されます。

⑩ムリ・ムラ・ムダの継続的分析から「弾み車」へ

「弾み車の法則」では、これらの一連の流れを**継続的に循環して強化**し続けることが要求されます。

これは、『7つの習慣』S・R・コビー著（キングベアー出版）で推奨された7番目の習慣である**「刃を研ぐ」**ことと同じ考え方です。

良い仕組み（ストラクチャー）を作り、それを磨き続けること。

トヨタが開発した**「トヨタ生産方式（TPS）」**も**終わりなきカイゼン**が前提で、常により良いものへと進化させる必要があります。

「仕組み化」もまた、これと全く同じ概念で、継続的に進化させ続けることが、スパイラル成長への前提条件となります。

11.

「標準化」になぜ社員は抵抗するのか？

「標準化」は、「仕組み化」をするための重要な手段の1つですが、**「標準化」を目的化すると失敗**します。

その理由は、「標準化」を行おうとすると、会社には大きなメリットがある一方、社員はメリットを感じないことがあるからです。

そして、経営者は**「標準化」に何度トライさせても、社員は元の属人的状態**にすぐに戻ることがあります。

マニュアルを作っても形式的なものとなり、使われることもなく、アップデートもされません。

　社員は、基本的に新しい何かより、慣れ親しんだ方法を好みます。
　これは、人間が太古の昔から持つ基本的な本能です。
　自然界では、好奇心が強く新しいモノに関心を寄せる動物は、敵に襲われるリスクが高くなります。
　人間も本能的に新しい何かを行うことを避けるようにDNAに刻みこまれているのです。

　また「標準化」は、究極的には、「自分のノウハウ」を「会社のノウハウ」に転換することを意味します。
　人間は、自分が評価されてきたポイントを失いたくはないのです。
　属人化は、社員の個性の表れであり、標準化は、没個性・機械化を意味します。
　人間は、自尊心を持つ動物で、組織より自分自身の在り方を重視します。
　この社員の感じるデメリットを、「心理的抵抗」と、「肉体的業務の負荷」の増加の2つに分けて考えてみます。

（1）心理的抵抗
①自分の存在価値を奪われるという感覚
　標準化は、自分のノウハウを会社のノウハウに転換し、自分以外の他の人でも同じように仕事ができるようにするプロセスです。
　ここに、自分の存在価値が奪われるという不安を感じるのです。

　人間は、「自分にしかできない何か」を自分の存在価値として認識し、これがある故、会社が自分を評価していると感じます。
　標準化で、この自分の存在意義を失いたくはないので、「自分の業務は、標準化できるほど簡単なものではない」と言って抵抗するのです。

②自由度が下がるという感覚
　標準化されると、会社に決められた仕事のやり方で行うことが強制さ

れます。

　自分のやり方で仕事を行うことができなくなり、仕事の自由度が下がると感じる恐れがあります。

③会社の歯車として機械化される感覚

　標準化は、没個性となり、**会社の歯車**になるのではないかと危惧する可能性があります。機械の一部になることを好む人間はいません。

（2）肉体的業務負荷の増加

①一時的に業務が増える

　標準化は、長期的にはムリ・ムラ・ムダをなくし、業務が楽になるプロセスです。

　しかし、日常業務に加えて、ムリ・ムラ・ムダの分析をして改善することが要求されます。

　結果として、一時的に業務負荷がかかり、**「今の業務が忙しくてできない」**と思うことがあります。

②ジョブローテーションで新たな仕事を覚える必要性

　標準化では、定期的に担当業務を変更する**ジョブローテーション**による**「多能工化」**が効果的です。

　しかしジョブローテーションを行えば、新しい仕事を覚える必要があります。

　今以上の努力をすることが強いられるため、この負荷に対して反発をしたくなります。

　標準化は、会社には多くのメリットがありますが、社員個人にはデメリットと感じる部分が沢山あります。

　従って、様々な理由をつけて標準化に反対し、組織と個人の間で対立が起きることがあります。

　このような個人が感じるデメリットを解消し、仕組み化を具体的に行う方法を次章で扱います。

第三章

「全員経営」のための「仕組み化」の設計

「仕組み化」は、社員の協力なくしてはできません。

ロワーマネジメント（LM）の「仕組み化」を行うためには、業務の「標準化」も必要となります。
ただし、**「標準化」は、暗黙知から形式知への転換**であり、社員に大きな心理的・物理的負担が発生することもあります。

社員を巻き込み、全社で「仕組み」を作り上げるにはどうすべきか？

このためには、**「個人と組織との関係」**や**「組織の中で働く意味」**を社員が理解することから始めることが重要です。
組織を強くすることに貢献することが、自分自身のためになることを理解する必要があります。

これができれば、最終的には、**ボトムアップ経営**による**「全員経営」**が実現できます。

01.

有能な個人集団を目指すべきか、有能な組織を目指すべきか？

　我々が目指すべき姿は、**有能な「個人集団」**になることか、それとも**有能な「組織」**になることか？

　「有能な個人」とはどんな人かは簡単にイメージができます。
　その業界における知識・技術・経験が豊富な人です。

　しかし、「有能な組織」を定義することは、難しいことです。
　結果として、有能な組織ではなく、有能な個人集団を目指してしまいます。
　社員個人も有能になりたいため、経営者が有能な個人集団を目指せば、社員と同じ目標を共有することは簡単です。

　会社は、創業者である起業家により立ち上げられます。
　売上を継続的に上げるためには、**「組織」**をつくる必要があります。
　ただし、「組織とは何か」を深く理解しなければ、組織とは、単に起業家の「アシスタント」または、起業家の「代わりに仕事をする人たち」になります。

　組織が、トップとそのアシスタントになれば、10人以上の組織にすることは困難です。
　そもそも、1人の経営者に、そんなに多くのアシスタントはいりません。
　大半の会計事務所、弁護士事務所、歯科医院、個人病院等が10人以下の組織であるのは、先生とアシスタントという組織構造だからです。

　また、起業家の代わりに仕事をしてくれる人々と理解すれば、その業界の高い知識・技術・経験が必要になります。
　結果として、**少数精鋭の「個人商店の集まり」**のような組織になります。

102

社員一人ひとりの能力が高ければ、その集団が本当に「有能な組織」といえるでしょうか？

それは、「有能な組織」ではなく、「有能な個人集団」に過ぎません。

「有能な個人集団」を作れば、有能な社員を採用できなくなると成長がストップします。

「有能な組織」は、必ずしも「有能な個人集団」である必要はありません。

では、我々が目指すべき「有能な組織」とは、どんなものなのでしょうか？

コラム　アダム・スミスのピン工場に学ぶ「組織」の本質

19世紀後半、イギリスで産業革命が起きる前までは、現在のような会社はなく、鍛冶屋、桶屋、大工のような職人の世界でした。

職人がその道のプロになるためには、親方の下で何年も修業をして、やがて独立して自分の店を持つことが1つの夢でした。

現在でも、このように背中を見て仕事を覚えるという世界は存在します。

一人前になった職人は、「多能工」であり、1人で何でもこなせるようになります。

しかし、産業革命後、「多能工」だけではなく、1つのことしかできない「単能工」が登場しました。

さらに、この単能工は、単に見習いという位置付けではなく、1つの組織の「機能」であり、結果として多能工よりも「生産性」が高くなりました。

「分業」による協力体制が発明されたからです。

これは「流れ作業」のようなもので、歴史的に最も成功した事例は、

ヘンリー・フォードが発明した「フォード生産方式」と思います。

　従来のヒトが動いてモノをつくるのではなく、ヒトは固定され、モノが動くという画期的発想です。

　組織の考え方は、古くはアダム・スミスの『国富論』で紹介されたピン工場が有名です。

「ピン工場において、使用される機械の使い方も知らない職人たちは、一日に1本のピンを造ることも容易ではないし、20本造ることは、間違いなくできないであろう。

　しかし、分業によって、
　1人は、針金を引き伸ばし、
　別の1人は、それをまっすぐにし、
　3人目は、それを切断し、
　4人目は、それをとがらせ、
　5人目は、頭をつけるためにその先端をけずる
　また、頭を造るのには、2つまたは3つの別の作業が必要
　頭をつけるのも別の仕事
　ピンを白く磨くのも別の仕事
　ピンを紙に包むことも1つの仕事
　このようにして、約18の別々の作業に分割されている
　社員は、10人しか雇われておらず、このたったの10人で4万8千本以上のピンを造ることができたわけである。」

（出所：『国富論1』アダム・スミス／岩波書店、24－25頁より抜粋、一部著者加筆修正）

　有能な個人集団とは、1人でなんでもできる「多能工」集団です。

　これに対して、有能な組織とは、1人のできることは限られていても全体として有能な個人集団より生産性が高くなることが特徴です。

　1人で全ての工程をこなすより、10人の単能工により分業で協力し合えば、48,000本のピンができます。

その収益を10人で分け合った方が1人当たりの給与も多くなるのです。

有能な組織では、社員が有能な個人として1人で働くより、全体の儲けが大きくなるのが特徴です。

これは、個人事業主の集まり、個人商店の集まりのような組織をつくるより、有機的に機能する組織をつくる方が効率的に収益を上げることができます。

これは、社員が退職し独立するのではなく、会社で働くことを選択し続ける理由となります。

有能な多能工を集めても、必ずしも有能な組織になるわけではありません。

経営者の仕事とは、有能な多能工を集めることではありません。

アダム・スミスのピン工場のような、個人の役割が明確となっていて、それぞれが有機的に機能する**「組織」**をつくることが、**経営者の真の仕事**といえます。

02.

なぜ、経営者は「組織」ではなく、「個人集団」をつくるのか？

有能な組織を目指すと1つ大きな問題が発生します。

有能な組織は、**「分業」**が前提になるため、必ずしも**個人の「やりたいこと」**ができるわけではないのです。

つまり、個人が組織の一部となることで**「機械化」**され、没個人となり、組織に埋没すると社員が感じる可能性が発生します。

1人で全ての工程ができ、やがて独立して稼ぐことができる多能工のピン職人と異なり、針金を伸ばすだけ、切るだけ、先を研ぐだけの単能工になりたい人はいません。

組織とは、全体のために「個が犠牲」になることが前提なのです。

効率的な組織では、個人で働くより、高い報酬を得ることが可能になりました。
その引き換えとして、**「個人としてのやりたいこと」が制限**されるのです。

もちろん、社員を採用する時に、
「当社に入ったら、あなたがやりたい仕事はできません！」
と言われて、入社を決意する社員はいません。

経営者は、採用する時は、**「社員がやりたいことができる会社」をアピール**します。

これは本来、「組織」の定義に反することで、
「当社は、『組織』ではなく、『個人集団』です」と言っているようなものですが、社員にとっては耳触りが良い言葉です。

大企業で勤めていた人が、会社の歯車になることが嫌で、ベンチャー企業に転職したいと思うのは、**「やりたいことができる企業」を望む**からです。

どんな社員であれ、会社の部品の1つにはなりたくないのです。

問題は、社長自身が、「やりたいことができる会社」を本気で信じて、有能な組織ではなく、有能な個人集団を作ってしまうことです。

起業家自身は、「自分のやりたいこと」にこだわり会社を作ったかもし

れませんが、同じことを社員にもさせれば、組織にはなりません。

多くの中小企業では、この問題が起きています。

経営者の**「個人を大切にする」、「社員を大切にする」**気持ちが結果として**属人性を助長**し、**個人商店の集まり**を作っているのです。

自分の考えを肯定するために**「少数精鋭」**を標榜することがあります。
しかし、結果として、「精鋭」ではなく、単なる少数集団になるかもしれません。

企業の立ち上げ時期は、少数かつ精鋭を集めることは可能かも知れません。
しかし、どこかのタイミングで、「真の組織」をつくる重要性に気づかなければ、生産性を高めることができず、儲からない会社になります。

03.
有能な「組織」になるための3つの条件

（1）共通の「目的」の設定
組織は、「分業」が前提になるため、必ずしも「社員がやりたいことができる」わけではありません。

しかし、これでは、個人の**モチベーション**が下がってしまいます。

そこで組織は、社員と共有できる**「共通の目的」**の設定が必要になります。
「共通の目的」が共有できれば、社員は、「自分がやりたい個人の目的」ではなく、組織の中でお互いが協力し合って仕事ができるようになります。

分業化された組織では、**「協力」**が重要なテーマです。

個人商店型組織は、各社員の能力は高くても、「協力」が苦手な集団になります。

　協力とは、「誰かのために自分が犠牲になる」 こともあり、これが受け入れられない人にはできません。

　個人商店型組織は、社員が組織全体より自分を優先しがちになるのです。
つまり、**「部分最適」が「全体最適」よりも優先** されることが発生します。

　かつての多能工のピン職人は、親方の下で修業し、いずれ独立すれば良かったので、働く目的は、「自分のため」だけでも問題ありませんでした。

　一方、単能工職人は、いずれ独立するという選択肢はありません。
いずれかの組織に一生属して生きる必要があります。

　しかし、お金を得るために働く必要性は分かっていても、人間は機械ではありません。
　個人のやりたいことができなくても、主体的に協力できる職場環境が必要となります。

　人間の機械化を防ぐ方法は2つあります。

　第1が、あくまでも個人を尊重し、**個人商店型組織** にとどまることです。
多くの中小企業はこれを無意識に選択しています。

　第2が、**「共通の目的」** を掲げ、それを共有することで、個人のやりたいことを超え、組織としての目的のために社員が主体的に働く状態をつくることです。

　共通の目的は **「経営理念」**、**「ビジョン」** に集約されます。

　この浸透を怠れば、組織は、個人が優勢となり、個人商店の集まりと化すのです。

（2）差別化した「戦略」

「分業」により生産性が上がったことで、これまで限られた市場の中でしか販売できなかった商品が、より**広い市場**で販売できるようになりました。

町の豆腐屋が豆腐工場をつくることによって、隣町まで売りに行けるようになったのです。生産性の向上により、市場が拡大し、競合他社との間に競争が生まれました。

同じ豆腐を売りに来る競合が現れたことで、「あなたのお店の商品は、他のお店とは何が違うのか？」という**差別化**を図らなければならなくなったのです。

この**「競合との違いは何か？」**を明確にすることが**「差別化戦略」**です。

分業による生産性の向上は、多くの市場が売手市場から買手市場に変わり、競争に勝つための**「戦略」**が必要になりました。

（3）分業による協力を前提とした「プロセス」

「組織」の生産性が「多能工職人集団」よりも高いのは、**「分業による協力」**体制があるためです。

生産性をより高めていくためには、この「分業プロセスをどのようにすれば良いか？」を考える必要があります。

この**「分業プロセス」**こそ、「組織」の本質です。

生産性を継続的に高めるためには、常に、この「プロセス」の見直しが必要となります。

そして、これができる人は、全ての業務を理解している**「多能工」**です。

「単能工」は、モノは作れても、継続的に組織を再構築するだけの知識・技術・経験がありません。組織を構築できるのは「多能工」だけなのです。

その意味で、組織には、多能工も必要となります。

多能工は、業務の**「ローテーション」**を行うことで単能工から育成す

ることができます。これを「多能工化」と呼びます。

　組織では、たとえ単能工で業務ができるようであっても、**長期的には、多能工を育てる**ことが必須です。これができない限り、**管理者育成**はできません。

　組織における多能工の役割は、「自分がモノをつくること」ではなく、「**プロセスを見直し、全体の生産性を上げること**」です。

　組織が人の集団であり、人の心やモチベーションにフォーカスしたものが（1）「共通の目的」（P107）の設定です。
　組織のハードの構築にフォーカスしたものが、（3）「プロセス」（P109）といえます。

コラム　管理者が常に忙しくなる「職人のトラップ」

　多能工の仕事は、自分が「業務」を行うことではなく、マネージャーとして業務を「標準化」し、生産性を向上させるための「プロセス」の見直しをすることです。

　しかし、多くの管理者（多能工）は、部下と自分を比較して、「**自分の方が仕事が早い**」、「**まだ、部下が育っていない**」、「**まだ、任せられない**」と思い、ついつい自分が業務に入ってしまいます。

　自分が業務に入れば、**忙しくなる**のは当然です。
　これが多能工の陥る「**職人のトラップ**」です。

　「自分の方が仕事が早い」と思うのは、管理者が業務の「標準化」を怠り、業務が属人的になっている可能性があります。
　多能工の本当の仕事は、単能工でも自分と同じスピードと品質で仕事ができる「仕組み」を作ることなのです。

04.

心と技のマトリックス

　多くの社員は、初めて会社で働いた時、**「どうすれば上司から高く評価されるのか？」**を自問します。

　その答えは、**「会社で必要な知識・技術・経験を高めて品質の高い仕事が早くできるようになること」**です。

　次に、初めて部下を持った時、「どうすれば部下が自分に付いてきてくれるのか？」を自問します。

　その時の答えも同じで「部下よりも優れた知識・技術・経験を持って部下を指導できるようにすること」です。

　では、初めてマネージャー（中間管理職）になった時、何を自問するでしょうか？

　何も自問しないのです。

　理由は、初めて部下を持った時に自問自答した時の答えと同じと考えるからです。

　結果として、知識・技術・経験に偏った**「職人的管理者」**に多くの人が陥っていきます。

　管理者の仕事は、今までの延長線上にはありません。

　しかし、これに気づくことは困難なことです。

　多くの人は、過去の経験、過去の成功体験による**サクセス・トラップ**に陥るのが普通です。

　私は、社員に会社が求める人材は知識・技術・経験だけでは不十分であるという「気づき」を与えることが重要と考えました。

そこで、**心（Will）と技（Skill）の2つのベクトルを用いた「人財マトリックス」という人材育成モデル**を作りました。

■ 図3-1　心と技のマトリックス

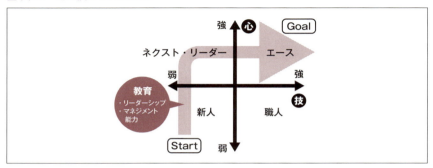

「心」とは、生き方、考え方、理念・哲学、リーダーシップ、コミュニケーション能力などを意味します。
　一言で言えば、**「人間力」**であり、**目的や意味付けを行う能力**です。

　これに対して「技」は、**知識・技術・経験**で、業務をこなす上で必要となる手段で、**実行能力**です。

　MMの人材は、第1象限の**「エース」**となる必要があり、ここが最終ゴールです。

　多くの新入社員は、「心」も「技」もまだレベルが低い**「新人」**として第3象限からスタートします。

　第2象限は、は、知識・技術・経験は乏しくても、会社とのベクトルが一致しており、自分のためではなく、周りの人のために働くことができる人材です。
　ここを**ネクスト・リーダー（幹部候補）**と名付けました。

　多くの社員は、自分のキャリア・アップに関心があります。

一般に、キャリア・アップとは、「知識・技術・経験」を身につけることと考えられています。

転職する時に記載する履歴書は、これらの知識・技術・経験に関わることが大半です。

社員は、自分の市場価値を高めるため、これらを求めたくなるものです。

結果として、多くの社員は、縦軸の心のレベルが上がらず、横軸の技ばかりを追求します。

結果として**「職人化」**してしまうのです。

社員は、一度、この領域に入ると「エース」になれません。

大きな価値観の転換が要求されるからです。

技を極めるためには、どんな会社でも**「1万時間の法則」**が成り立ちます。

技を極めた時には、歳を取っているのです。

人は、歳を取ってから価値観を転換することが非常に難しくなるのです。

有能な管理者、ミドルマネジメントができる人材を育成するためには、早い段階から「心」をテーマとした教育が必要です。

「技」は**研修**でも高められますが、**「心」**を高めるためには、真の**教育**が必要です。

経営者自身が何を大切にしているかで、社員教育に力を入れられるかが決まります。

社員教育をしない企業は、社員が「職人化」して、管理者不足に陥るのです。

05.
管理者が忙しくなる「真の要因」

　中小企業の多くの管理者は、常に忙しい状態になることがあります。
　これは、「部下より自分の方が仕事ができる」だけの理由ではありません。

　自分の意思とは関係なく、**恒常的に「部下では処理しきれなかった業務」に関わらざるを得なくなる**からです。

　簡単にいえば、常に**「トラブルシューティング」**をしている状態になることです。

　これは、業務の「標準化」が十分にできていないだけでなく、問題が現場で発生した時、部下がその業務を抱えてしまうことがあるからです。**部下から悪い報告があった時には、莫大な時間がかかる状態になる**ことがあります。

　ミスや問題が発生した早い段階で、部下から報告・相談があれば、上司はもっと簡単に対処できます。

■ 図3-2　悪い報告が遅くなるほど問題は大きくなる

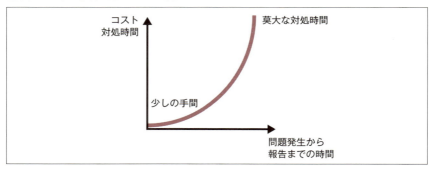

しかし、時間が経つにつれて、問題による影響が大きくなり、上司が対処する時間が多くなります。

これは一言で言えば「ホウレンソウ」（報告・連絡・相談）の問題です。この「ホウレンソウ」の問題を解決することが、厄介なテーマです。

上司からすれば、「何かあれば、すぐに報告してくれ！」とお願いするしかありません。

しかし、責任感の強い部下ほど、「問題は自分で解決しなければならない」と思うため、報告が遅れる傾向があります。

「どんな情報をいつ上司に上げるか」は、究極は、部下次第です。
上司はただ、「悪い情報は早く上げてほしい」と言うしかなく、直接、コントロールができないのです。

さらに「悪い情報」の定義も上司と部下では異なることがあります。
上司は経験が豊かなため、"わずかな変化"も悪い兆候として認識できます。

しかし、部下は"誰にでも分かる悪いモノ"しか報告対象にできません。

「当社ではホウレンソウはしっかりできている」と思い込んでいる経営者も、部下が報告している「悪い情報」は、上司が本当に望んでいる情報より範囲が狭い可能性があります。

兆候が出ている間に報告があれば、すぐに対応できるものも本当に悪くなった後では、対処するのに莫大な時間がかかります。

上司はこのような「トラブルシューティング業務」に恒常的に関われば、本人の意思とは無関係に「常に忙しい」状態に追いやられるのです。

115

コラム インドで起きた 「管理者が恒常的に忙しい」 という問題

2007年に私はインドの首都デリーに、日系会計事務所を子会社として設立しました。

これは、独立系会計事務所としては日本で初めてのインド進出になりました。

進出した当初、顧客も全くなく、暇な状態が1年ほど続きました。

当然、インド事務所は赤字です。

その後、少しずつ顧客も増えてきて、日本人駐在員は忙しくなってきました。

問題は、その後です。

日本人駐在員は、恒常的に忙しくなり、土日も含めて常に仕事をしなければいけない状態になりました。

真の原因は、組織化、仕組み化の失敗にあったのは明らかでした。

しかし、そもそも組織化をしたことのない人を駐在員としてインドに送らざるを得なかったのです。

当時、インドといえば、未開の国との印象が社員にはあり、特に良い情報もありません。

それが、ビジネスチャンスと思えないため、インドに赴任を希望する社員はいませんでした。

とにかく、誰でもいいから手を挙げてくれた人に行ってもらうしかなかったのです。

結果として、駐在員は「仕組み化」を成功させることなく、自分が恒常的に仕事を抱えました。

さらに組織の生産性も悪かったため、日本人がどんなに忙しくなっても依然、会社は赤字のままでした。

　当社のインド人は、「日本人は働きすぎ」だと言っていました。
　私に言わせれば、「"インド人が働かない"からこうなっているんじゃないの？」と思いました。

　日本人駐在員からは、「これ以上、仕事が増えたら大変になる」と言われました。
　会社はまだ赤字なのに、「仕事が忙しくて増やせない」と言われると、さすがに私もがっくりです。

　忙しさは、エラーが起きる兆候です。
　そして、実際にエラーが連続して起きました。

　日本人駐在員は、「忙しさ」と「インドの暑さ」と「食事」と「下痢」などに耐えられなくなり、次々に退職していきました。
　日本から海外子会社をコントロールする難しさを思い知らされました。

　とにかく、管理者が忙しいと感じるのは、悪い兆候で、「仕組み化」の失敗なのです。

　大工や料理人など、全ての職人の世界で起きる問題・エラーは、本人の**「ヒューマンエラー」**として考えられる傾向があります。

　問題が発生すれば、親方から**「お前の知識が足りない、技術が足りないからだ！」**と言って怒られるのです。

　これは現代においても引き継がれた発想です。
　だからこそ、社員一人ひとりが責任感を持って問題に対処しようとします。

基本的にほとんどの問題やエラーは、誰かのミスやポカなどから発生する「ヒューマンエラー」です。

　社員がこれを会社の問題ではなく、自分の問題と考えるのは当然です。

　だからこそ、報告が遅れる傾向があり、上司がコントロールすることが難しいのです。

　この問題が解決できれば、構造的にロワーマネジメント（LM）の問題はなくなります。

　管理者も忙しさから解放されて、真のマネジメント業務ができるようになります。

　私が最初に行ったことは、**会社で発生する全ての問題を「ヒューマンエラー」ではなく「システムエラー」**として定義し直しました。

　これにより、まず、社員の**「心理的安全性」**を確保することから始めました。

コラム　人はミスを犯す動物である

　人である以上、どんなに有能な人間、経験を積んだ人間でもミスをします。

　人がミスをすること自体は「ヒューマンエラー」ですが、誰かがミスをしたことにより組織全体に問題が発生するようであれば、それは「システムエラー」なのです。

　これは「フールプルーフ（Fool Proof）」という考え方で、バカが問題行動を起こしてもシステム上、問題が起きないような設計が施されている状態を指す言葉です。

つまり、特定の**ヒューマンエラーを防げないのは「システムエラー」**と考えるのです。

　このように考えれば、全ての問題は、たとえ個人の「ヒューマンエラー」から始まったとしても「システムエラー」と認識することが可能となります。

　「暗黙知」の世界では、全てのエラーは「ヒューマンエラー」として考えられます。
　従って、**社員は自分の知識・技術・経験を高めて対処するしかないと**考えます。

　一方、**「形式知」の世界では、全てのエラーは「システムエラー」とし**て考えます。
　会社の「仕組み」の問題と考えるので、社員は、自分が犯した問題も含めて、早く会社に報告できるようになります。

　そして、**二度と発生しないように「システム」を変更することがカイ**ゼンであり、継続的に改善活動ができるようになるのです。

06.

モチベーションではなく「欲求」に着目する － マズロー欲求段階説 －

　社員の「ホウレンソウ」の改革こそ、「ボトムアップ経営」につながるコンセプトです。
　この改革を通じて、私はSCADによる継続的「カイゼン」を構築しました。

　経営では**「人を動かす」**というテーマは避けて通れません。

また、「人を動かす」難しさは、古代から語られ続けながらも、未だに解決していない問題でもあります。

　私は、このテーマを扱うに当たり、**「モチベーション」ではなく、「欲求」**に着目しました。

　モチベーションは「会社から与えられるもの」と考える社員もいるため、会社が社員のモチベーションをコントロールすることは、非常に難しいものです。

　しかし、「欲求」は、全ての人間が程度の差こそあれ持っています。

　欲求といえば、**マズローの欲求段階説**が有名なので、私は、このコンセプトに当てはめて「人を動かす」仕組み（SCAD）を作りました。

　簡単にマズローの欲求段階説を説明し、私がどのように当てはめていたかを解説します。

　マズロー欲求段階説を前提にすると、社員の欲求は一様ではありません。それぞれのステージにおける様々な社員に対応するため、**全ての欲求が満たされる「仕組み」**を考える必要があります。

■ 図3-3　マズローの欲求段階説

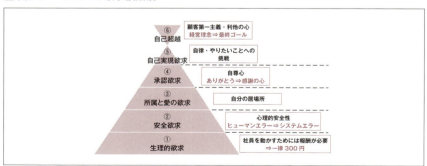

（1）生理的欲求

　これは、衣食住に関わる欲求で、一言で言えば、**「お金」** に結びつきます。

　お金に関しては、社員の欲求は無限にあり、会社の財源は有限です。
　多少の給与や賞与を上げても社員が満足しないと考えることが重要です。

　経営者にとって思い切った金額の昇給・賞与を出しても、社員からすれば満足するものではなく、行動も変わりません。

　結局、会社の利益が下がっただけという結果になることがあります。

　ハーズバーグの二要因理論に従えば、
　金銭的報酬は、「衛生要因」（なければ不満に思うもの）であり、**「動機付け要因」**（社員の満足を引き上げるもの）ではありません。

　社員は、「給料が低い」と常に不満に思うものです。
　この不満の声は、経営者の耳にも入ってきます。
　厄介なのは、**「給料を上げても満足しない」** ということです。

　経営者がよく行う誤りは、先にお金を渡すことです。

　私は、**「社員を動かしたいのなら報酬システムとリンクさせるのは必須」** と考えています。

　しかし、これはあくまで **「因果関係」** を明確にさせること、「何を社員が行えば、報酬がもらえるのか」を示すことが重要です。

　これを行わなくて先に報酬を渡せば、社員のモチベーションは短期的には上がりますが、すぐに、それが当たり前の状態になって、「やる気」も元の状態に戻ります。

私が行った方法は、報告を上げてくれた社員には、1件につき**一律300円**を全世界で渡すことです。

　これにより因果関係が明確になり、当社の社員は、毎日100件以上の「悪い報告」、「改善提案」をしてくれるようになりました。

　1,000件の報告があっても会社の負担する金額は、**たったの30万円**です。

　30万円を賞与予算に追加しても、「焼け石に水」で社員は全く喜びませんが、1件の悪い情報を上げれば300円もらえるとなると人は動きます。

　「日報を書く」ことを義務付けても「忙しさ」を理由に全く書かなかった人もこの仕組みを導入したら、報告できるようになりました。

コラム　電通の離職率は、なぜ、イタリアのマフィア並みに低いのか？

　電通の仕事の大変さ、厳しさはかつて4代目社長の吉田秀雄氏により作られた「電通 鬼十則」に表されているように、普通の会社とはかけ離れたすごいものです。

　これほど厳しい会社でありながら、なぜ、電通の社員は**「イタリアのマフィア並みの低い離職率」**という自虐ネタを持っているのか？

　理由は簡単です。**転職すれば、必ず給料が下がるからです。**

　究極的には、**給料が業界水準で一番になれば、社員は辞めません。**

　つまり、**長期的な経営者の目標設定は、「社員の給料」を業界水準で一番を目指すことです。**

そうすれば、社員は辞めないだけでなく、良い社員が集まります。

しかし、問題はそのための手段です。
これを実現するためには、業界で一番生産性、収益率が高い会社をつくることです。

競合より生産性が高くなれば、超過収益が発生し、それを社員に分配することが可能です。

生産性を高める方法が、「仕組み化」なのです。
つまり「仕組み化」は、究極的には全ての社員に受け入れられる目標設定です。

ただし、説明の方法を間違えてはいけません。

経営者が「生産性を上げろ！」と言えば、社員は「労働強化だ！」と言います。
経営者が言うべきは、「賃金を上げるぞ！そのためには生産性を上げよう！」です。

目的と手段を逆に説明すると大変なことが起きます。

（2）安全欲求

安全の欲求には、物理的安全性と心理的安全性があります。

物理的安全性は、パワハラ、セクハラ、モラハラのようなもので、近年、「コンプライアンス」重視の傾向の中で強調されてきたことです。

これ以上に経営者が重視すべきは、「心理的安全性」の方です。
これは、社員の「心の感じ方」なので、外からは見えづらく、かつ、人によっても感じ方が異なるため、客観化しづらいものです。

しかし、問題なのは、若手の社員の退職理由は、この「心理的安全性」が脅かされた時に発生します。

　責任感が強く頑張っている社員が、突然、「鬱」になる、期待していた若手社員が、突然、退職するという現象は、この見えづらい「心理的安全性」が原因です。

　決して「最近の若者は、辛抱が足りない」などと言ってはダメです。
　そもそも「少子化」や「ゆとり教育」の中で育った**若者に昭和的価値観は通用しません**。

　変わるべきは、若者ではなく、経営者の価値観です。

　私がここで行ったことは、全てのエラーは、「ヒューマンエラー」ではなく「システムエラー」として定義し、**全ての責任は、「会社の責任」**としました。

　社員に課したことは、**「報告責任」**です。

　ただし、全て「システムエラー」と考えれば、**二度と同じ問題が起きない仕組みを作ることが、社員の仕事（責任）**になります。

　結果として、社員は、**「作業」することが仕事ではなく、「改善」することが仕事**と考えられるようになります。

　全てを「システムエラー」と考えることは、表面的に社員に甘い施策と思うかもしれませんが、結果として得られる効果は絶大です。

（3）所属と愛の欲求
　人間は、広い意味で「サルの仲間」です。

　サルには2種類のタイプがあります。

第1は、単独でも生きられるサルで、オランウータンやゴリラが該当します。

第2は、**群れ**を作って生きるサルで、チンパンジーやヒトが該当します。

人間が**社会的動物**と言われる所以は、長い間、群れを成して生きてきたからです。

人間が「農耕民族」に変わったのは、ここ5,000年に過ぎず、それまでの数万年は、**「狩猟民族」（群れ）**として生きてきました。

狩猟民族では、獲物をとるのが群れの役割で、家族は群れの中に存在し、「子育て」が役割です。

我々のDNAの中では、**群れが本来の我々の「居場所」**であり、本能的に群れを強くする欲求が備わっています。

農耕民族になり、貯蔵により余暇が生まれ、職業が分化しました。

そして、今日の企業ができ上がりました。

この企業は、太古の昔と同じように縄張り争い（シェア争い）を競合と行っています。

今も昔も我々が行っていることは同じです。

つまり、**「企業」は群れの最終形態**なのです。

経営者が社員にこれを認識させ、自社が**「共同体」**であり、自分自身の最も大切な**「居場所」**とさせることは、本能的に可能で、かつ、人間が持っている**基本的欲求**です。

家族は、その共同体から分離しているのではなく、包括されています。

「ワークライフバランス」は、本来、人間の本能に反する考え方で、**「ワークライフインテグレーション」**の方があるべき姿と思います。

日本政府も近年、ワークライフバランスの問題を認識し、やっとワー

クライフインテグレーションの重要性を説くようになりました。

しかし、経営者が「ワークライフバランス」を重視すれば、**社員は必ず会社の外で自分の「居場所」を探します。**
それは、家庭、趣味、地域コミュニティ、宗教かもしれません。

会社は共同体でなく、単なる「エサ取り場」であり、社員がこのように認識すれば、もっと効率的にエサがとれる「職場」を探しに転職するのです。

経営者は、会社を群れの最終形と認識し、**会社のトップは、「部族の首長」**として、競合に潰されない強い組織をつくること。
これが、社員がリーダーや組織に求める本能的な欲求です。

これができれば、社員は、**「やらされ感」を持たず、改善活動を欲求の1つ**として行うことが可能となります。

（4）承認欲求
人間が**「承認」**を求めるのは、**「自尊心」**があり、自分が大切に扱われたい欲求があるためです。

しかし、その**「自尊心」を傷つけられた時、社員は「ここは自分の居場所ではない」と考えて退職**を決意します。

経営者も管理者も「社員を承認する大切さ」は理解しています。
しかし、**承認できる場面に遭遇しない**のです。

上司は部下より仕事ができるのは当たり前です。
部下が自分より良い仕事ができれば、もちろん承認できますが、そういうことは滅多に起きません。

上司から部下へのアプローチは、基本的には**「ダメ出し」**が中心にな

らざるを得ないのです。

　結果として、コミュニケーションが上司から部下への一方通行になり、「承認」も全くできない状態に陥ります。

　現代の若者は、これが受け入れられず、退職します。

　この解決法が、**「部下から先に情報が上がる仕組み」**を作り、上がった情報に対して**「ありがとう」**という**「承認」**をすることです。

　一般的に承認は、良い**「結果」**、「成果」に対しては誰でもできます。

　良い結果を出した人に承認するのは簡単なことです。

　問題は、良い結果は常に発生するものではないことです。

　そのため、良い**「行為」**に対して承認すれば、**承認できる場面は増えます**。

　部下が何らかのエラーをすれば、**「悪い結果」**ですが、それを上司に早く報告すれば、**「良い行為」**になり、**「承認対象」**に**転換**できるのです。

　また、この報告は**「社内SNS」**を使い、上司だけではなく周りの人とも**情報共有**することが重要です。

　部下は、自分が頑張って報告したのに**「上司が読んでない、見てない」**と思えば、**二度と報告したいとは思えなくなります**。

　部下からの報告は、「メールまたは紙」で行われることが一般的です。

　上司は、常に「仕事が忙しい」状態なので、見落としたり、後回ししたり、見ることですら**「省略」**することが頻繁に発生します。

　部下からすれば、重要な報告を上げた時、上司からの**フィードバックがなければ「読んでない」**と思うのは当然です。

　このような事が発生すれば、**「上司に報告しても意味がない」**と感じ

ます。

そして、部下と上司との間のコミュニケーションは悪くなっていきます。

当社では、自社開発した社内SNSを使用し、その中で、情報共有だけでなく改善提案の**「プロジェクト管理」**もできるようにしました。

情報は、**「フロー」**と**「ストック」**で管理する必要があります。

通常の社内SNSは、フロー情報がメインです。
時間がかかる案件は「プロジェクト管理」する必要があり、「誰が、何を、いつまでに行うか？」を明確にして上司が決定し、それも社員に合わせて共有することが重要となります。

（5）自己実現欲求

自己実現の欲求は、他人から与えられるものではなく、自分が自発的に成し遂げたいことなので、自分から湧き出る**内発的「モチベーション」**につながります。

これ自体は非常に良いことですが、問題は、**「自分がやりたいこと」**と**「会社や顧客から期待されていること」に差**がある場合です。

元来、社員が自分のやりたいことだけを追求して、会社がうまくいくのなら問題ありません。

しかし、実際は、社員の「やりたいこと」の追求は、他者との協力関係がうまく築けない可能性を内包しています。

協力関係を築くには、全体のために「やりたくないこと」もやる必要があります。
自己実現だけを追求する社員は、ここを軽視する傾向があります。

このためには**「共通目的の共有」**が必要です。

128

この共通目的が「経営理念」・「ビジョン」です。

（6）自己超越

マズローは晩年に5段階目のさらに上位の概念として「自己超越」を唱えました。

自分中心から相手中心に欲求の方向を転嫁させるものです。

これが人の発達段階の最終ステージです。

この考え方は、「**経営理念**」につながります。

経営理念は、言葉の表現は違えども「**自社のビジネス（強み）を通じて、顧客や社会に貢献すること**」と設定されます。

企業の目的は、企業の外にあり、究極的には、社会に役立つ、貢献することが求められます。
組織のベクトルを「**顧客第一主義**」と掲げる意義はここにあるのです。

全てのビジネスは、**モノやサービスの等価交換**によって行われるものであり、相手に貢献するほど、金銭的報酬が返ってきます。

当社では、船井幸雄氏の言葉を借りて「**与えたものが得たもの**」と表現し、経営理念の1つにしています。
いわゆる、**ギバー（Giver）**になることが、社会で成功するための重要なコンセプトになります。

このような考え方を「経営理念」、つまり会社と社員が「共通の目的」とし、その実践を通じて、社員も会社も成功するように導くこと。
これが「理念経営」の重要な役割です。

この考え方は、「**利他の心**」を持って、経営すること。

人としてこのように生きれば**「物心共に豊かになる」という成功哲学**につながります。

この「気づき」が経営者に起きると、一種の**「悟り」**の状態になり、この考え方で会社をまとめたくなります。

しかし、まだ人として発達段階が低い社員に対して、強くこの考え方を経営者が打ち出すと**「宗教的」、「自分には合わない」**と社員が考え離反することがあります。

私が30代の時、この状態に陥り、自分自身は成功哲学を見つけたと感じて、周りの社員に共有したいと強く願うようになりました。

そして、「理念経営」の実践を徹底しました。

私自身、20年くらい気づくことができませんでしたが、「理念経営」にも大きなトラップがあったのです。

全社員を共通目的である「経営理念」で統合すること（水平統合）ができれば理想的です。
最終ゴールをここに設定するのは良いことと思います。

しかし、現実には、**様々な価値観を持った人が会社に存在**しています。**その社員を単一の経営理念だけで統合することは不可能です。**

そこで様々な考え方を持つ社員を認め、あるべき方向（顧客第一主義・利他の心）を示した上で統合する方法を考えました。
この価値観の異なる社員を統合することを私は、**垂直統合**と名付けました。

これが、**マズローの欲求段階のどのステージにいる社員も「統合」できるコンセプト**です。

130

「自己超越」や「経営理念」のみで統合する「水平統合」よりも現実的で効果的と思います。

　私もマズローのコンセプトから組織を「垂直統合」する「SCAD」を思いつくのに20年もかかったのは、「理念経営」という「水平統合」のトラップが非常に深く、抜け出すのが困難だったためです。

　私は、「理念経営」が全てを解決する万能薬と考えたため、「標準化」ですら先送りしていました。

　特に、私のような中小企業の経営者の中には、長くこのトラップに囚われている人がいると思います。

コラム　若者の真の退職理由の70％は人間関係の問題

　アドラーの心理学では、人間の悩みの70％は人間関係といわれています。
　私は、これを踏まえて、「若者が辞める真の退職理由の70％は人間関係」にあると考えています。

　退職理由として、「他に良い仕事が見つかった」、「自分のやりたいことが見つかった」、「親の介護をしなければいけない」とか色々な理由を述べます。
　しかし、誰一人、「人間関係が悪くて辞める」と言う人はいません。
　退職する人は、本当の退職理由を話すことはないのです。

　私が考える人間関係には、「承認」も含みます。
　退職理由が、給与と考える社員であっても、会社から高く評価され承認されていれば、将来、昇給・昇進がされると思います。

お金が理由で転職する社員も本当は、会社から「承認」されていないことが真の理由かもしれません。

　これも含めて人間関係と考えると、大半の転職理由が人間関係の問題と言っても差し支えないと思います。

　「承認」することの大切さは、どんな管理者でも知っています。

　しかし、上司は部下よりも仕事ができるため、普通に仕事をしていても「承認」できる場面に遭遇しないのです。

　上司から部下への基本的なコミュニケーションは「ダメ出し」です。

　「あれはどうなった？」、「まだ、できてないの？」、「早くやって！」といったコミュニケーションが中心になります。

　このような「ダメ出し」のコミュニケーションを通じて部下は、「自尊心」が傷つけられたと感じ、「承認」されない、「心理的安全性」に欠ける、この会社は自分の「居場所」ではないと思い退職するのです。

　これを改善するために考えた方法が、私が考えたSCADです。

　部下から上がる情報の全てを「承認」から入ることで、部下の自尊心を傷つけない方法なのです。

　この本質は、「結果」を承認するのではなく、「行為」を承認することです。

　これにより仕事ができる上司が、「仕事ができない部下」でさえ承認することが可能となります。

　中小企業が人材の質の問題をカバーするためには、「人が育つ仕組み」を作ることしかありません。

07.

マズローの欲求段階説をベースに SCADモデルを構築

　私は、マズローの欲求段階説をベースにSCADモデルを構築しました。
そのSCADのポイントは下記の4つです。

（1）心理的安全性の確保

　近年、盛んに職場における「心理的安全性」の必要性が唱えられています。

　社員がミスをしても怒られることはない。
　社員が責任を取らなくてもよい。
　ミスをしても評価が下げられることはない。

　上記のような発想は、社員にとって都合が良いでしょうが、逆に「上司や経営者が耐えられるのか」がポイントです。

　普通は、耐えられません。私も無理です。

　しかし、怒っても発生した問題はなくなりません。

　経営者が怒るのは、発生した事実だけ報告され、次も同じようなことが起きると感じるからです。

　もし、事実と共に「原因分析と二度と問題が起きない対策」が合わせて報告され、経営者がそれを見て、確実に改善されていくと信じられるのなら怒る必要はなくなります。

　私自身が、この仕組みを取り入れて、会社で以前よりも怒らなくなったと実感しました。

全ての問題を「ヒューマンエラー」ではなく、「システムエラー」として考えることで初めてカイゼンができるのです。

問題は、人ではなく仕組みと考えることで、全社員が継続的に改善を行い、**「全員経営」**が可能になります。

さらに、報告する内容にも**ルール**が必要になります。

どんな問題も「システム」、「仕組み」の問題と考えるので、**個人を攻撃するような報告はしてはいけません。**

仕組みの改善は、エラーを起こした本人が第一にすることです。

また、自分だけが得をするような提案ではなく、**会社の利益、生産性の向上**につながるものでなければいけません。

全てを「システムエラー」と考えるため、このような**運用ルール**が必要となります。

（2）報酬システムとのリンク

社員に何かをしてもらいたければ、必ず、**報酬システムとリンク**させることです。

ただし、昇給・賞与は、遠い先の話なので、当社では**1つの報告に付き一律300円**を渡す仕組みにしました。

これにより、**怒られない心理的安全性**に加えて、**経済的便益**が得られるため、社員はこの活動に積極的に参加してくれます。

また、**改善案の量や質の高さを通常の評価制度とリンクさせること**も簡単にできるので、結果として、提案内容、改善行動が、昇給・賞与・昇進に反映できます。

今まで、ブラックボックス化していた評価制度もSCADとリンクさせることで**客観性**が増す制度構築が可能になります。

（3）承認

承認の対象を「成果」だけではなく、報告という**「行為」**に広げることで圧倒的に、**承認する文化**が組織の中で作られます。

この結果、社員の自尊心が傷つけられることなく、会社が居場所となり、上司からの承認が加えられることで、さらに「心理的安全性」が高くなります。

このような承認する文化形成は、部下との間の**信頼関係（ラポール）**を形成し、若手社員の**離職率を大きく下げる**ことができます。

（4）社内SNSによる情報共有とプロジェクト管理

紙やメールでの報告は、上司が本当に読んでいるかが分かりません。

せっかく部下が報告書を書いても、上司が読んでないと思えば、やる気が出ないだけでなく、**「会社は、社員の話を聞いてくれない」**と感じるようになります。

また、会社に対する報告が直属の上司に「握りつぶされない」ようにすることも重要です。
中間管理職のところで情報がストップする組織は**「風通しの悪い」**組織です。

このような状態を改革するため、従来は**「フラット型組織」**、**「文鎮型組織」**が考案されました。
しかし、これだと**全員がプレイヤー**となり、管理職が全く育たず、事業承継にも支障が出ます。
フラットな組織は、長期的にみると弊害の方が大きくなります。

従来型の組織のヒエラルキーは、戦略を実践するには有効な形態ですが、**「下からの情報がシャットアウト」**されるリスクは常にあります。

　この問題を「フラット型組織」にしなくても解決する必要があります。

　これが、「社内SNS」を利用した情報のシェアリングです。

　当社では、クレーム・ミス・提案といった情報をいち早く上司だけでなく、同僚にもシェアして、上司は当日中に回答することを義務付けました。

　社内SNSは、当初はLINEグループを使っていましたが、後にSCADシステムとして自社開発しました。

　これは、情報にはフローとストックが必要で、LINEは、フローには適していても、情報のストックができないからです。

　情報のストックとは、時間がかかる改善提案は、**「プロジェクト管理表」**にまとめることを意味します。

　当社では、これが簡単にできる仕組みが必要となり、社内SNSを自社開発することにしました。

08.

SCADの導入
－ 問題が共有される「仕組み化」－

　ロワーマネジメントにおける「仕組み化」は、**ボトムアップによる「全員経営」を目標設定**します。

　これを実現するためには、現場で発生している問題・課題を早く報告

させ、改善につなげる仕組みを作ることです。

　この「仕組み」を私はShare・Check・Adjust・Doの頭文字を取って「SCAD」と名付けました。

（1）Share

　現場で起きている問題が、そもそも発見、共有されない要因としては下記が考えられます。

・問題を報告したら評価が下がるという恐怖

　社員からすれば、後に大きな問題になるかもしれないと思っても、それによって会社から処罰されたり、評価が下がったりする可能性を考えるかもしれません。

　そのため、**報告するのではなく、自分で問題解決**をして報告する必要性を排除しようと思います。

・そもそも問題だと認識していない

　経営者や管理者にとっては、大きな問題が起きる前の兆候だと思っていても、社員にとっては単なる業務上の小さなミスだと捉える可能性があります。

　また、顧客がふと口にした不満も社員は大きな問題と考えません。
　クレームは、オブラートに包んで表現する顧客も沢山います。

　優しく表現されたとしても、顧客は大きな不満を持っていることは沢山あります。
　これはコミュニケーションスキルの問題に起因します。

・上司が報告を読んでいるかが分からない

　従来会社における報告様式は紙やメールが主でした。
　これだと社員からすれば、密室で見られている状態なので、上司が本

137

当に読んでいるか分かりません。

SCADでは、全社員に誰がいつ何の報告をしたのかを公開（Share）し、それに対する上司からのフィードバックも「見える化」します。

報告の場をLINEやSlack、Chatwork、Skype、WhatsAppといったSNSを社内のみで行うことで、「すぐに」報連相が可能になります。

社内SNSを利用すれば、全社員がリアルタイムに社内で起きている問題が共有できます。

当社では、グループを部門や課（チーム）単位で組み、メンバーにはアルバイトやパートも含めます。
各グループには社長や幹部も参加して、現場で起きている問題がモニタリングできるようにしています。

報告の内容は下記に大別されます。

①クレーム
顧客からのクレームは5分以内に会社に報告することが原則です。
事実の報告をまず行い、その後、原因分析や対策に移ります。

②ミス
社内で発見されたミスについても報告を行います。
顧客への納品前に発見された問題で、修正されたものを指します。

③-1 問題発見型提案（ヒヤリ・ハット）
提案には大きく3つあります。

第1が、前述したハインリッヒの法則の300に当たる部分です。
クレーム・ミスが発生する真の要因です。

これを発見し、改善しない限りモグラ叩き型の報告となり、同じ問題が繰り返し起きます。

③-2 課題設定型提案

標準や目標設定から外れているものの改善、達成するための戦略・戦術の提案になります。

目標設定された**KGI・KPIの未達、予算の未達を達成するための提案**もここに含まれます。

当社ではKGIとKPIの進捗については、週2回の月曜日と水曜日に報告を上げることにしています。

チーム単位と個人単位での、KGI・KPIをそれぞれ上げます。
これによって、**個人別に早いPDCA**を回すことが期待されます。

結果として、社員にとって「作業」ではなく、**「改善」や「変化」が仕事**になります。

KGI、KPIは、それぞれ結果指標、行動指標です。

これらが未達になっている場合、さらにKGIやKPIの中身を**因数分解（チャンクダウン）**して、それが達成されるためには何を変化させなければならないかを考えます。

この変化させるものを当社では**KAI（Key Action Indicator）**と呼んでいます。

例えば、電話営業（コールドコール）でのアポ数をKGI、架電件数をKPIとした時に、KGIの変化は「量×質」で考えられます。

ここでいう「量」は架電件数のKPIになりますが、「質」は1回のコールでのトークの中身です。

139

質を変化させるためには、アポを多く取れるトーク練度を高めることが変化要因として考えられます。

　例えば、「ロープレ（ロールプレーイング）を週に3回行う」という行動をKAIと設定してこれを実行することになります。

　さらに、KPIの架電件数を引き上げるためには、架電要因の1コール当たりにどのような動作が行われているのかを実際に確認し、無駄な動きを減らすようにすることが必要になります。

　例えば、架電結果を顧客リストに入力する時間がかかっているとします。
　それに対して、結果は打ち込み入力するのではなく、「不在」、「興味なし」、「後日フォロー」など、候補リストから選択するという対策が考えられます。
　このような変更をKAIにすることができます。

　KPIの未達については、何をKAIとして設定し、それがどう変化したのかを週2回報告するルールにすることで、高速でPDCAが回転し、問題の検証が可能となります。

　なお、報告書のフォーマットは、以下の記載が求められています。

・事実（いつWhen、どこで Where、誰が Who 、何をWhat）
・原因（表面的原因、Why）
・真の原因（なぜを繰り返すトヨタ式Why）
・解決策（真のソリューションHow）
・誰が改善するか（実行責任者　Who）
・いつまでに実行するか（時間のかかるものはプロジェクト管理表 When）
・それをチェックする人は誰か（担当上司などWho）

③-3 イノベーション型提案

　これは特に**管理者**に求められるものです。

　会社のビジョンからすると何が必要なのかを自問自答し、**新事業企画、製品開発**等の提案を行うものです。

　新事業や製品開発につながるアイデア、提案をどのレベルの社員でも行うことが可能となります。

④顧客の声

　直接、顧客と関わるのは、一般社員なので、顧客からの声は重要な報告事項です。

　クレーム以外の僅少な事項であっても報告する必要があります。
　アンケートなどでは、集められなかった潜在的なニーズや生の声を共有する機会と捉えています。

⑤競合の情報

　競合の動きは戦略修正や意思決定に重大な影響を及ぼします。

　競合店舗の陳列が変わった、商品ラインナップが変わった、競合先の営業に人事異動があった、といった内容も報告する必要があります。

⑥個人のアイデア・ノウハウ

　社員が本などを読んで得た新しい情報を社員と共有する場、自分が持っている仕事のノウハウを共有する場として利用することができます。

（2）Check

　上司と部下全員が参加しているSNS上で行われますが、報告を受けた上司は「報告見たよ」、「報告ありがとう」という意味のスタンプ等を送り、全ての報告を承認します。

ここでの承認は、報告と改善提案の内容の承認ではなく、報告したという**行為への承認**です。

　また、報告はSNS上で行うため、情報がフローの状態で流れていきます。

　時間がかかる改善提案の場合、Excelシート、スプレッドシートなどを用いて**情報をストック**する場所を作ります。

　問題を報告してくれたことに対する承認として1件につき報酬を渡します。

　当社では、報酬は**1件の報告に対して300円**と設定しています。
　これは給与と一緒に振り込まれるのではなく、**QUOカード**を手渡ししています。

　給与と一緒に支給すると、インパクトが小さく有難味が少ないため、敢えて**社員の前で手渡し**にしています。

　より良い問題報告と改善につなげるため、部署別、チーム別、個人別に件数を比較することで、傾向を分析します。

　極端に差がある人やチームへは、提案が上がるように働きかけを行っていきます。

　また、当月内の報酬だけでなく、賞与予算の中に提案件数にリンクする枠を設けます。

　相対的に提案件数が高い人には賞与が高くなる仕組みにします。
　また管理者は、チームの提案件数や内容でも評価されます。

（3）Adjust

　管理者は、上げられた報告に対し改善策を考え、いつまでに改善を行うのかを決定します。

　管理者は、**トヨタ式5W1H**の方法を使って、社員から上がった報告の真の原因を改めて考えフィードバックをします。

　社員からは、表面的な分析や**問題発見型**の提案しかできなくても、より経験値の高い管理者は、これを**課題設定型**のテーマに変えることができきます。

　課題が大きいほど、解決するために要する時間は長くなるため、**プロジェクト管理表**に転記して管理することになります。

　管理者は、部下から上がった報告から**「課題を設定し直し、プロジェクト化させ真の問題を追求できるか」**が問われます。

　SCADは、**「規則リスク」**を減少させていくプロセスなので、新たな規則・ルールが管理者によって作られます。

　マニュアルやチェックリストのアップデートの承認もここで行われます。

（4）Do

　規定、マニュアル、チェックリスト等の変更が行われた場合、これに基づいて実行することが求められます。

　マニュアルやチェックリストは、**オンライン上でアップデート**され、常に社員が最新のものを参照することができます。

　社員の責任は、**報告責任**と**ルールを守る責任**です。

規律、ルール、マニュアル、チェックリストに従っている限り、どんな問題が起きても会社の「システムエラー」として考えます。

　逆に、**ルールが守られずに起きたエラーは「ヒューマンエラー」**であり、個人の責任が問われることになります。

　従って、社員は、マニュアル等のアップデートがされていないかを注意する必要があります。
　結果として、業務を行う場合には、マニュアルに戻る必要があり、マニュアル使用率が高まります。

　アップデートされたマニュアル等を使っても新しい問題が発見された場合は、（1）Shareに戻ります。

　常に「より良い」を目指し、**カイゼンを繰り返す**ことが求められます。

09.

SCAD の導入
－ 報告の質を上げる「仕組み化」－

（1）社員が誤った認識で報告するケース
①本来、社員がやるべき業務を改善報告として上げる
　過去に既に問題として報告され、改善案として上がっていたにもかかわらず、実行されないために数カ月後に問題として、また上げられることがあります。

　本来、報告者が改善計画の実施担当なので、過去に正しく改善されていれば同じ問題は発生しません。

　担当者が実行を先送りしていたか、正しく行っていなかったことが原因であるため、**「なぜ、先送りしていたか」**などを分析して報告する必要

があります。

②単なるヒューマンエラーの報告

　メールを見逃していた、スケジュール帳に記載し忘れていたといった
ヒューマンエラーは組織の改善にはなりません。

　これにより組織的問題となったのなら、事実はヒューマンエラーであっ
ても、組織として問題が発生しない仕組みを考える必要があります。

　ここまで考えて提案しなければ、**「フールプルーフ」**の考え方から逸脱
します。

③改善コスト＞改善効果

　ミスが発生したという現象に対する解決策としてチェックのフローを
追加するという改善案が上がってくるケースがあります。

　これを繰り返すと無限にチェック作業が繰り返され、結局、ミスが起
きないという効果をチェックにかけるコストが上回ってしまいます。

　**「マネジメントコストは、マネジメントによるベネフィットを上回って
はいけない」**という**「管理の経済性」**という原則に違反してはいけません。

　ミスがゼロになることが目的ではなく、**長期的利益を最大化**させるこ
とが目的です。

　「貧困を少なくする」のではなく、「貧困をなくす」ことを目標設定し
た組織は、NPOであっても必ず破綻します。

　目的達成に対してコストが莫大なものになるからです。

④改善提案が「横展開」されていない

　提案が担当者1人だけ、もしくは自部門にしか反映されていないケース
です。

「類似した業務が他の担当者や他部門にもないか」の検討が必要です。

改善案は、常に「横展開」できないかを考える必要があります。

特に、報告を受けた管理者は、**責任範囲を広げて他部門への展開を考**える必要があります。

社員は、自分が改善しやすいこと、自部門のみで完結する改善案を考える傾向があります。
しかし、**改善しやすいものは、改善効果が小さいもの**です。

改善の効果を最大化させるためには、より**ハードルが高いテーマへの挑戦**が必要です。

⑤起きた問題に対して原因の掘り下げ方が浅い
起きている問題の表面的原因は、誰の目から見ても明らかです。

しかし、改善案を導くための**真の原因**を探らず、表層的な原因にとらわれてしまいます。
これは、**氷山の見える部分のみを見ていて、水の下にある大きな問題に着目していない**状態です。

このSCADを継続的に運用するためには、**提案の量から質への転換**が重要になります。

最初の3カ月は、報告の習慣化をするために「量」を重視します。
その後に提案の「質」を高める工夫が必要になります。

表面的な分析からでは、我々が目指す仕組みづくりのための改善案につながりません。

（2）提案の質を上げる仕組み

①社員から上がってきた提案を**キャプテン（主任クラス）が事前チェックしてフィードバック（FB）をする**

　多くの場合、SCADを始めてしばらくは、上記に挙げた5つの誤った提案が上がってきます。

　提案の数を多く挙げること、問題を漏れなく報告することは社員の責任ですが、**提案の質を担保するのはチームキャプテンの責任**です。

　そのため、あらかじめキャプテンが提案のチェックを行い、誤った解釈の提案は正しい提案に修正させるためのFBをします。

　ただし、キャプテンのFBも**「見える化」**されていること、つまり、**社内SNS**上で行われ、**議論の経緯も含めて上級管理者も見られる**状態にする必要があります。

　良い提案も経験者の常識的判断で潰される可能性があります。
新しい意見は、過去の常識に囚われないものでなければいけません。

　しかし、**経験が増すほど常識に囚われる「賢者の盲点」**のトラップに陥ります。

　これを防ぐために、議論をブラックボックスの中で行わないようにさせることが必要です。

②今月のMVP提案を決定して表彰する

　提案の数に対して300円の報酬を出しますが、提案の質を上げるためには、**どんな提案が良いのかを周知**する必要があります。

　そこで月に1回提案の中から最も良い提案に対して**MVP賞**を全社員の前で発表します。

　MVPは通常の3倍、**900円**の報酬金を渡しています。

③MVPの選出理由を周知

　良い提案の実例を共有することで、他の社員が何が良い提案なのかを知ることができます。

④MVP提案をさらに良い提案にする方法を周知

　MVPは相対性によって決まることがあるため、完璧な提案とは限りません。

　「この提案がどのようになっていれば、さらに良いものだったのか」を**管理者からフィードバック**します。

⑤問題のタイプ別の分析

　上がってきた報告を**タイプ別に分類**し、部門やチーム単位で特徴を捉えることを行います。

・知識型エラー

　意思決定者にとって最も注意すべきエラーです。

　過去の成功体験によって、新たな事業機会を失う機会損失や、あいまいなデータに基づく意思決定や行動を指します。

・規則型エラー

　マニュアル通りに進めたにもかかわらず問題が発生する場合は、規則そのものを見直す必要があります。

　また、ルールがあるにもかかわらず、それを違反した場合は、**規則の省略エラー**と見なされ、これは**「ヒューマンエラー」**として、**個人の責任**が問われます。

　ただし、これを会社が長期で対応しなければ、「システムエラー」となります。

・スキル型エラー

いわゆるうっかりミスなども含まれます。

特定の個人に業務が集中して、疲労が溜まって注意力が散漫になっている可能性を示唆します。

10.

SCAD の導入
－ 実行・検証の「仕組み化」－

多くの質の高い提案が上がるようになっても、それが実行されず、尻すぼみになって消えていくことがあります。

当社でも、これまで多くの「新しい取り組み」を行ってきました。

取り組みのスタート時点では、盛り上がって高いテンションで進められますが、すぐに**日々の業務に追われ、いつしか実行されなくなる**ことが多くありました。

また、起こった問題（クレームや債権の滞留など）に対して対症療法、**「モグラ叩き」**をし、それが解決されても、また同じ問題が発生することもありました。

しかし、本来行うべきは、モグラ叩きではなく、**「二度と問題が起こらない仕組みづくり」**であったはずです。

モグラ叩きは、仕組み化の失敗ともいえます。

一見すると問題の数が少ない部署は、実際は、**管理者のレベルが高いために問題自体が表に出る前に解決されていた**こともあります。

管理者の**属人的なスキル**に依存して良い状態になっている場合は、問題が表面化しません。

当社では、このような「**悪しき習慣**」を最後にするという覚悟から、2022年10月に「夜会」という名前で日本時間夜の21時から各部門、海外各国のマネージャーを集め、会社の仕組み化の**実行検証の場**を作りました。

この会議の流れは下記の通りです。

①エラー発生の報告
　エラーを絶対に見逃さない仕組み作りです。

　ここを実質的な**内部監査機能**として定義しました。
　エラーは単なるクレームだけではなく、社内チェックによって発見されたミスも含まれます。

②工程別指標の報告
　当社では、顧客へのサービス提供を製造業に倣い、**工程**と呼んでいます。

　営業は第1工程、業務を第2工程、回収を第3工程という3工程に分けています。

　そして、社内の最も大きな指標として**各工程の指標（KGIまたはKPI）**のモニタリングをします。

③部門・拠点別の進捗発表
　各拠点長が行った目標設定とそれに対する現状の分析、取り組んでいる課題の発表を行います。

　部門・拠点長それぞれが1つの会社の社長という意識で発表を行い、それに対して他の参加者からFBを行い、お互いに気づきを与えられるような場を作りました。

コラム　SCADを通じて 有能な人材を発掘する

　SCADは役職を超えて誰でも自由に、しかも周りの人に確実に意見を言える仕組みです。

　上司のみに意見を言っても、そこで止められる可能性があります。
　しかし、SCADでは、組織のトップにまでダイレクトに伝えられます。

　結果として、**誰が優秀なのかが誰の目にも明らか**になります。
　これが、人材の発掘につながります。
　つまり、誰を昇進させるべきかが明確になるのです。

　「ミスをした人にも報酬金がもらえるのはおかしい」と思う人がいるかもしれません。
　しかし、これは、**「悪い情報を適時に提供してくれたこと」**に対しての報酬です。
　会社にとって悪い情報は、変革を促す良い情報です。

　ただし、ミスをした人の報酬は、300円のみです。

　会社を変革に導く良い提案をしてくれた人にも情報提供の報酬は同じ300円です。

　しかし、良い提案には、昇進・昇給・賞与を決める「評価制度」にSCADはリンクできます。

　結果として、ミスを沢山するより、良い提案を沢山する人の方が圧倒的に高い報酬が得られます。

11.

「仕事＝作業＋改善」と
「トヨタ式5W1H」の組み入れ

　SCADを開発した時に私が一番研究したことが、**トヨタの「カイゼン」**です。

　トヨタには、沢山のカイゼンを行うためのコンセプトがありますが、その中で私が最も影響を受けたものが、次の2つです。

（1）「仕事＝作業＋改善」は変化できる文化形成

　普通の企業では、社員は、**仕事の定義を「作業」**までとし、**改善はあくまでも「プラスα」**と考えます。

　もちろん、「改善」の重要性を否定する企業はありません。

　しかし、あくまでも**「作業」することが緊急性の業務なので、重要性の業務である「改善」は、先送りされる傾向**があります。

　「頭では分かっていても、実際に行動に結びつかない、継続しない。」

　「人が足りない。こんな少ない人数でやっているのにそこまではやれない。」

　継続的な「カイゼン」ができないのは、人手不足や忙しさが原因ではなく、「カイゼン」する**文化**、そのための仕組みがないことが原因です。

　どんな社員でも緊急性のある仕事は、優先順位を上げます。
　重要性のある業務は、「頭では大切なことは分かっているが、先送り」されるのです。

　これを解決する方法が、重要性のある業務を**「仕組み化」によって緊急性の業務に転換**することです。

　いくら経営者や上司が「やれやれ！」と言っても、言われた時にしか

152

できないのは、「やれ！」と言われた時だけ、緊急性の業務に変わり、言われなければ今まで通りに先送りされます。

経営者は、「やれ！」と言う代わりに「仕組み化」をすることによって文化形成できます。

（2）「トヨタ式5W1H」は管理者育成の仕組み

問題の原因は、階層的になっています。

本質的な原因を追究しなければ、また、同じ問題が発生することになります。

「トヨタ式5W1H」は、5つのWhy（なぜ）を自問自答し、真の問題を発見し、最後にHowで真の解決策を見つける思考法です。

この思考法は、「ロジカルシンキング」の1つで、行い続けることにより「思考の連続性」が得られます。

この考え方ができなければ、上級管理者にはなれません。

全社員で「トヨタ式5W1H」を行うことで、仕組みとして「管理者育成」ができるのです。

この意味において、「仕事＝作業＋改善」、「トヨタ式5W1H」は、非常に強力なコンセプトです。

この2つの本質を理解して文化形成すれば、既存業務の改善はどんな会社でも可能と思います。

ただし、これらを仕組みとして会社に組み込むためには、経営者のリーダーシップが最も重要です。

「できないのは、社員ではなく、経営者の問題」です。

12.

評価基準の変更
－ 個人よりチームを重視する －

　評価とは、最終的には**個人の査定**となります。

　しかし、評価することによる弊害、社内における**「協力関係」が失われる**リスクが生じます。

　本来プロジェクトはお互いの協力関係によって成り立つにもかかわらず、社員が自分の評価を気にするようになれば、自分の目標達成に関心が向き、他者に対する関心が薄れます。

　結果として、社内での協力関係は希薄となり、**「競争関係」**、または、**「無関心」**につながります。

　自分が良い成績を上げることを中心に考えれば、**「協力」**よりも**「競争」**する組織になります。

　自分の決められた責任範囲は全うしようとしますが、それ以外には無関心になる可能性があります。

　この問題を解決するためには、**評価制度を個人の査定を目的にするのではなく、「成果を出す仕組み」**と再定義することが重要です。

　成果が出れば、分配方法を多少間違えても社員から不満が多く出ることはありません。

　限られた「パイの分け方」を考えるより、**「パイを大きくする方」**が、社員にも会社にもメリットが大きいといえます。

　成果を上げるための評価制度は、**チームにフォーカス**して、チームの目標設定であるKGI・KPIを達成することが重要です。

154

チームへの貢献度を個人の評価にすることで、社員同士の「協力関係」が構築できます。

　協力が得られない企業の特徴は、評価制度が個人の査定になっているからです。

コラム　全ては自分の問題　自ら責任範囲を広げよ！

　改革のためのプロジェクトチームを作って、みんなでディスカッションすると、

「他の部署が協力してくれないと解決できない」

「新たに人を採用してくれなければ、忙しくて無理」

「結局、この問題は、自分たちだけでは解決できない会社の問題」となり、行動ができません。

　社員から意見は出ますが、結局、自分自身の**次のアクション**には結びつきません。

　行動するためには、最後まで**「全ては自分の問題」**という前提が必要です。

　松下幸之助氏は、**「雨が降っても自分のせい」**と言いました。

　これは、いかなる問題でも他責としないための「自分への言い聞かせ」なのです。

　自責と考えることは、分かっていても、為替の変動や電気代や材料費の高騰など自分ではコントロールできないことが沢山あります。

　しかし、これは、競合他社にとっても同じです。

　外的要因にどのように対応するかが内的要因です。

また、一般的に社員は、役職による「権限＝責任」を無意識に考えます。
　社員は、「自分には大した権限は与えられていない」と考えます。
　無意識に自分の権限の小ささを考えれば、必然的に責任も限定して考える傾向があります。

　その結果、社員は、「自分の責任範囲」を小さくして考えるため、意見は持てども、自分のアクションプランが作れないのです。

　責任範囲を自分の上司の立場で広く考えることが大切です。
　上司にとって、最も有能と思える部下は、「自分と同じ責任範囲で思考し行動してくれる人」です。
　つまり、【権限＜責任】という思考ができるかが重要です。

　このような思考を全社員ができるようになるためには、そのような「企業文化」をつくる必要があります。
　これがなければ、人間は本能的に責任範囲を狭くしようとします。

　誰しも自分がかわいいので、発生した経営課題を自分の責任と思えず、「他責」にするのです。
　責任範囲を広げられる人が、真の自由を得られる人です。
　責任範囲を狭くすれば、必ず上司によってコントロールされることになります。

　「自分の人生を自分でコントロールするか、他人にコントロールされるか」は、いかに自分の責任範囲を広げて行動できるかで決まります。

第三部 ● 実践

第四章

ロワーマネジメントの「仕組み化」
－ 当社の改革奮闘記 －

　企業は置かれている状況である事業ライフサイクルの中で、自社がどこに位置付けられているかによって課題が変化していきます。

　当社も過去の成功体験を引きずり、幾度となく組織が危機的状況に陥りました。
　その真の原因が見抜けなければ、**「有能な人材を採用すればなんとかなる」** と考えるように **「仕組み化」そのものを先送り** してしまいます。

　私も当社の幹部も同じ失敗をしながら、「仕組み化」の重要性に気づき始めました。
　改革の道のりは終わりのないものです。
　もちろん、より良い組織を目指して、改革は今も続いています。

　本章では、企業の成長の過程で直面する課題を、**「人」の力に頼るのではなく、「仕組み」の力で解決** する実践事例をまとめました。

01.

起業家クワドラントのトラップ

（1）導入期の課題

　当社は、1998年、私が32歳で個人の会計事務所を開業し、2024年7月より創業27年目となります。

　現在は、国際事業の売上が全体の7割で、主な業務として、日系企業の海外進出支援とその子会社管理を行っています。

　2006年中国進出に大失敗し3カ月で800万円の損失を出しました。

　しかし、それを教訓に2007年にインドに進出したのを皮切りに、2011年から一気にASEAN一帯に拠点を作りました。

　そして、当時、競合がまだ少なかったバングラデシュ、ミャンマー、トルコ、メキシコにも子会社を設立し、現在は、新興国を中心に26カ国、社員は約360人で、3分の2が外国人です。

　各国に進出して国際事業を行うに当たり、まず取り組んだことは、国際関連の本の出版です。

　私は、海外の法律や会計・税務基準について、勉強する必要があったので、出版を通じて、社内の知識を共有するマニュアルを作ろうと考えました。

　このマニュアルを社内だけでなく、広く社外の人と共有することで自社のマーケティングとブランディングを考えました。

　私がかつて所属していた監査法人では、「Doing Business」というタイトルで各国の投資環境、設立、会計、税務、労務が簡単に英語でまとめられ、その国の法律や会計・税務基準が一通り分かるような本が作成されていました。

ただし、これらの本は、市販もされておらず、英語版のみだったので、これを日本語版にして市販し、また定期的にアップデートすれば市場のニーズに応えられると考えました。

　ちなみに、これらの本は、「海外直接投資シリーズ」と名付けられ、新興国への進出ガイドブックとして26冊を出版し、本のカバーを最初は赤色で統一しました。
　赤本シリーズとして親しまれ社内だけでなく、海外進出を検討されているお客様のバイブルとなりました。

　コンセプトとしては、『地球の歩き方』（学研）のように、海外進出を検討する企業が、必ず持ち歩いてもらえる本を目指しました。

　当社で最初に抱えた問題は、**「知識が人に付く」**ということです。
　各国でビジネスの立ち上げを行った社員は、沢山の知識が得られます。

　しかし、それを他の社員と共有することが困難で、いつも「知っている人」に聞かなければいけないという問題が発生しました。これが属人化の問題です。
　海外駐在員も業務が忙しくなれば、マニュアルを作る暇などなく、「勉強は自分でするもの」といった雰囲気を持った駐在員も現れました。

　この「知識が人に付く」という問題の解決策が、この赤本シリーズだったのです。
　自社のマニュアルを出版するという目標設定を行って、**暗黙知の形式知化**を行いました。
　出版しようと思えばいい加減なものは作れません。

　本の作成も多大な労力と時間を要しましたが、これも必要な「仕組み化」と思い2008年にインド関連の投資・会計・税務の本を出版し、その後、各国の関連本の出版を行うことができました。

この「仕組み化」によって、以下の効果を生み出しました。
　①自社の知識のマニュアル化
　②顧客への知識の共有
　③ブランディングによる顧客獲得
　④アマゾンを通じたSEO

　しかし、単に知識を本にまとめただけでは、本当の「仕組み化」にはなりません。
　海外における駐在員が行っている「業務」は、依然、暗黙知のままで、不明瞭なものでした。

　これでは、駐在員の引き継ぎ業務も困難なものとなります。
　特に、インドネシアでは、立ち上げた駐在員は、能力が高く、その駐在員しかできないような業務も多数存在し、結果としてインドネシア子会社は、彼の「王国」のようになっていきました。
　映画『地獄の黙示録』に出てくるカーツ大佐のような存在となったのです。

　私は、彼を本社のコントロール下に置くか、インドネシアを彼の"王国"として捨てるか、立ち上げの貢献者を「解任」するかの選択にせまられました。

　本社のコントロール下に置くことができればベストな選択ですが、彼は「忙しい」を理由に、私の電話にも他の社員からの電話にも出なくなりました。
　そして、**コントロール不可能な状態**に陥りました。

　今後の当社の未来を考えれば、本社の方針に従わない状態を放置することはできません。
　私は、『地獄の黙示録』で米国政府が行ったことと同じような決断をせざるを得ませんでした。

私は、断腸の思いで彼を解任し、日本への帰国を命じました。

そして、彼は帰国後、すぐに「退職」、インドネシアは大混乱へと陥ったのです。

（2）導入期から成長期の課題

インドネシアでの業務は、現地法人の設立、会計税務、給与計算等の手続業務が中心です。

各国に進出した初期の段階では、国際事業の立ち上げ期なので、営業活動が主たる業務です。

顧客数もまだ少ないので、現地でも日本語で十分な対応が可能でした。
請求書発行や回収も日本人駐在員が管理できました。

しかし、徐々に顧客が増加するにつれて、顧客対応に多くの時間を費やすため、営業活動も時間が取れなくなり、管理にも手が回らなくなりました。

請求書発行漏れや滞留債権も増加しました。

さらに、業務のミスや顧客からのクレームも増加するといった悪循環に陥っていきました。

具体的には、顧客への見積書提出や質問対応が遅くなる、現地法人設立やビザ取得等の完了が遅れる、税務申告等の期限が遅れてペナルティが発生するなどです。

これでは、顧客に我々のサービスが満足してもらえなくなり、顧客からのクレームが多発し契約解除も発生して、売上は頭打ちになっていかざるをえません。

コラム　我々の強みは何か？

　当時のインドネシアには立ち上げで貢献してくれた日本人トップの他にもう1人部下として日本人女性駐在員が赴任していました。

　さらに、インド事業の立ち上げ貢献者である日本に留学経験のあったインド人が時々、各国を訪問して仕事のサポートをしてくれていました。

　インドネシア事業も混乱期にある中で、ある日、3人で「当社の強みは何か？」をテーマにディスカッションしたと言うのです。

　このような前向きなことを話し合ってくれることは非常にありがたいのですが、問題は、結論が私の方針と真っ向から対立するものでした。

　彼らが出した結論は、「我々の強みは、日本語が使えること。お客様もそれを望んで我々と契約してくれた。今もお客様は、我々が日本語でサポートしてくれることを期待している」というものでした。

　当時も今も変わらず、我々の方針は「ローカライゼーション」です。
　もちろん、顧客が日本語サービスを必要としていることは、私も十分承知しています。

　しかし、長期的に考えれば、顧客もまた英語やインドネシア語を習得しなければ、インドネシアでビジネスに成功することはありません。

　いつまでも立ち上げ期の日本語サービスにこだわれば、顧客を我々が「甘やかす」ことになります。
　長期的にはそのような顧客は海外ビジネスに失敗して「撤退」する可能性が大きいのです。

　顧客が口にするニーズは、確かに「日本語サービス」だったかもしれませんが、長期的・潜在的ニーズは、その国でビジネスを成功させる仕

組みの提供です。

　顧客も我々と同様に「ローカライゼーション」をすることが、その国で成功するための必須要件で、それを我々のローカルスタッフがサポートする必要があります。

　ただ、現場で頑張っている海外駐在員にとっては、普段接する顧客の日本人駐在員と話すことが全てになっていきます。
　私の意見は、本質的には最後まで聞き入れられなかった気がします。

　「日本語が使えることが我々の強み」と定義すれば、日本人駐在員が構造的に業務に入り、忙しくなるのは必然です。
　立ち上げに貢献した駐在員も、自分のインドネシアでの知識を自負し、顧客もまた彼に頼るようになりました。

　結局、最後まで、日本人が業務から抜け出せない状況を打破することができませんでした。
　そして、組織が崩壊していったのです。

　インドネシアのローカルスタッフは、現状より高い給与を望んで、少し知識と技術をつければ転職する傾向がありました。
　特に、日系コンサル企業で働いていたというブランドが付けば、なおさら社員は転職市場で高く評価される傾向があります。

　初代拠点長の帰任後、インドネシアへの引継ぎとして日本から赴任した拠点長もマネジメントに苦慮し、疲弊してしまい、すぐに辞任するという負のスパイラルが続きました。

　また新しい拠点長を日本から赴任させても、業務がブラックボックス化しており、状況も把握することもできず、何も仕組みを変えることができないまま、またすぐに辞めていきました。

初代の拠点長の退職後、引継ぎのための3人の拠点長が次々に辞任、退職しました。

　インドネシア拠点は、大混乱を極めたのです。

（3）成長期の課題

　各国の拠点長に現地のマネジメントを任せても、拠点長のマネジメント能力に依存することになります。

　能力が高い拠点長の下では、一見すると、クレーム等が発生せずに、うまく行っているように見えますが、実際は業務が属人的でブラックボックス化していました。

　拠点長や業務を属人的に行っていたスタッフの退職等がきっかけで、組織が一気に崩壊していくこともありました。

　この対策として、日本から各国の手続業務をサポートし、内部監査室を設置して各国の状況のモニタリング及びフォローをすることにしました。

　しかし、各国から報告を上げさせて状況を確認したくても、顧客対応に追われてなかなか情報が上がってきません。

　内部監査室は、各国で大きなクレームが発生し、顧客からの連絡でやっと問題が把握できるような状況に陥りました。

　対症療法的なモグラ叩きの連続でした。

　さらに、日本の内部監査室長も業務が回せない責任を感じてか、次々と退職していきました。

　5人目となった内部監査室の室長は、人数が足りないと言うので、要員を合計10人ほどに増員してフォロー体制を強化しました。

　しかし、今度は「人が多くて管理できない」と言われる有様です。

週報だけでなく、毎月、各国から営業、業務、債権回収について報告させていましたが、問題を早期に発見してクレームを未然に防ぐことはできませんでした。

報告を月次ではなく日次に変えれば、これもまた**「忙しくて日報も出せない」**という状況です。

何をやってもうまくいきませんでした。

Ｐ・Ｆ・ドラッカーのいう**「後家づくり」**が始まっていました。
ドラッカーいわく、
「理由は分からないが、その業務についた優秀なものが次々に倒れる職務がある。仕事自体は良く構成され、こなせないはずはない。しかし、実際にはこなせない。」
「このような業務は設計し直さなければいけない」とアドバイスしています。

結局、私が内部監査室で行おうとしていたことも属人的業務の延長にありました。
それは、**「仕組み化」ではなかった**のです。

当時、国際業務は「標準化」されていませんでした。
結果として、**駐在員やスタッフの能力に依存**することになります。

従って、現場は仕事ができる経験者を欲します。
しかし、経験者を採用して一時的に管理ができても、**組織が成長すればまた同じ問題が発生**します。

これをストップする1つの方法は、成長を諦めることです。
これが、中小企業が成長をどこかのステージでストップする最大の要因です。
成長しなければ、問題は収まります。

しかし、これを選択すれば、この瞬間から真綿で首が締められていく**構造的「衰退期」**に突入するのです。

成長しなければ、短期的な問題は解決しますが、長期的にはもっと大きな問題に転換されます。
長期の問題はすぐには表面化しないので、気づくことが遅くなります。

経営者が成長を諦めた瞬間から、「衰退期」に突入するという問題は、経営者自身も気づくことが遅れます。

「大きな会社を作りたいわけではない」、**「少数精鋭の組織が良い」**という**自己正当化**によってさらに問題を先送りし、気づいた時には手遅れの状態になるのです。

私は、この「成長を諦める」という選択はしませんでした。
何かの選択に迷った時、**「甘い選択をすることは最悪の選択であり、いばらの道を選択することが正解」**と思っていたからです。

経営者として、**成長を諦めれば、「経営者失格」**と思います。

組織の成長以上に会社を成長させてはいけません。
しかし、組織の成長を「社員の属人的な成長」と定義すれば、会社の成長を諦めることにつながります。

組織の成長は、「人」の成長ではないのです。
「仕組み」を成長させることなのです。

「人」を育てることで組織を成長させるのではなく、「仕組み」を育てることで、**結果として「人」が育つ**のです。

当社の業務にムリ・ムラ・ムダが発生し、これが離職の原因になっていました。

167

また、現場で起きているミス、クレームを早く報告させる仕組みがないと、未然に防ぐための仕組みもできませんでした。

拠点長のマネジメント能力が高く、属人的に業務を回す仕組みが構築できたとしても成長には限界がありました。
拠点長が、ミスや顧客からのクレームを恐れて**無意識に成長をストップさせる問題**も発生しました。

この問題は、インドネシアだけでなく設立当初のタイ、ミャンマー、バングラデシュでも起きました。

成長すれば、組織は崩壊する。
しかし、ミスやクレームを恐れれば成長しない。
「八方塞がり」の状況になりました。

コラム　会社は人なり

経営の神様と呼ばれた松下幸之助氏は、「会社は人なり」という有名な言葉を残しました。
後藤新平氏には、「財を残すは下、業を残すは中、人を残すは上」という名言があります。

先人達は、人材を育てることの大切さを説いています。
これに反論はありませんが、私が失敗したのは、直接、人を育てようとしたことで、育てる仕組みにフォーカスすることが弱かったことです。

「人は辞めても、仕組みは辞めない。」
「人を育て、その人が辞めれば、振出しに戻るが、仕組みは永遠に残り育ち続ける」

私は、これに気づくのに20年の歳月を要し、多くの犠牲を払いました。

人を残すためには、「仕組みを育てる」こと、これが、人を残すための重要な方法です。

人を直接、育てようとすれば、価値観がぶつかり対立することもありますが、「仕組み」には、対立という発想はありません。

「仕組み」を育てれば、結果として「人は育つ」のです。

02.

日本における失敗の歴史

日本本社では、各国で行われていた属人的管理を中央集権型で管理の標準化をするために、様々な施策を行ってきました。

管理は、大きく**「権限委譲による分権化」**と**「中央集権」**の2つに分かれると考えました。

今までは、「権限委譲による分権化」で現場に任せて管理を行ってもらいましたが、個人の管理能力に依存するところが大きく、マネジメントに関わった経験のない人が大半だったため失敗しました。

そこで、日本に「内部監査室」を設置して、日本から各国の管理をモニタリングして指導する体制を取りました。

結論から先にいえば、これも「モグラ叩き型の管理」になり、全く機能しませんでした。

機能しなかった原因は、管理者も含めてほとんどの社員が「自分が業務を行うこと」を仕事と考え、真の意味で管理すること、仕組みを作ることを仕事と定義していなかったのです。

内部監査室も結局、クレーム処理に忙殺されることになりました。

私は、内部監査室で行ったことは、サービス業であっても製造業に学ぶことが重要と考え、各業務を工程と名付けて、それぞれKPIの目標を設定し管理することを始めました。

当社のビジネスフローを、第1工程、第2工程、第3工程の3つのプロセスに区分し、それぞれの管理方法を考えました。

第1工程：受注に至るまでの営業活動
第2工程：受注後に顧客に納品するまでの製造プロセス
第3工程：納品後の請求・回収に至るまでのプロセス

第1工程では、営業の見える化とPDCAを企図し、営業日報を導入しました。
日々の営業結果の報告と共に、営業件数、見積件数、受注件数を集計して受注率や営業効率を分析することにしました。

営業の課題は、国や担当者によってやり方がバラバラで、全く受注できず成長しない拠点をどう変えられるかでした。

安定的に新規受注して成長している拠点で行っている営業のアプローチ法や、トーク内容などを共有し、どの拠点でもできるようにすること、そして営業件数を増加させることを目標設定しました。

日報は当初はメールで報告する形にしていましたが、提出されたかのチェックが煩雑な上、集計を手作業で行わなければならず、管理が追い付かない状態になりました。

そこで日報専用のアプリを導入し、提出状況が一目で分かるようにして改善を図りました。
しかし、相変わらず未提出が続出し、号令をかければその時は提出さ

れるものの、翌日には、また提出されない状態が続き、これもモグラ叩きの状態となりました。

このような状況下で、営業活動を分析し、営業戦略の修正という本来の日報の目的はいつしか忘れ去られ、「ただ出す」、「出させる」という形骸化が起きました。

管理者がちゃんと見ないような日報は、担当者も本気では書きません。
やがては、ほとんどの社員が「**書いても意味がない**」と思うようになりました。

第2工程では、業務の遅延によるクレームが頻発していたこともあり、どの業務をいつまでに終わらせなければならないのかを把握することが先決でした。

そこで、Webで使えるプロジェクト管理ツール（Producteev）を導入し、全世界の全案件を一元管理しようと考えました。

中途半端に始めては意味がありませんので、導入する際は、全世界の案件情報を各国から吸い上げて、システムに登録することに莫大な工数をかけて行いました。

このシステムは、国別や会計記帳・会社設立・監査といった業務別に集計する機能や、タスクの期日が近づくとアラート通知がされ、遅延防止になるという機能があり、うまく使えば抜本的な業務管理の改善ができるだろうと期待していました。

しかし、いざ運用を開始して蓋を開けてみると、**入力がされずに放置される、遅延アラームは無視される、本社で遅延していることを把握しておきながら上司に報告されない**等の問題が噴出しました。
多大な工数をかけて作り上げたシステムが、いとも簡単に水泡に帰すことになりました。

プロジェクト管理ソフトがうまくいかなかったのであれば、管理ソフトの操作性が理由とも考えました。

そこで、スプレッドシート（Googleの提供する、Webブラウザ上でExcelのようなワークシートを共有・同時編集できるツール）を使い、Lower Management Sheet（通称LMS）を作成して管理することに変更しました。

国際事業の主な業務は、法人や支店等の設立業務、閉鎖業務、現地渡航のためのビザ取得代行業務、記帳代行、税務申告（年次・四半期・月次）です。

これらの種別でシートを作成し、期限や進捗状況を記載して、遅延や問題が起きないように管理することにしました。

LMSを常にモニタリングすべき管理表として、内部監査室でチェックすることを念頭に作成したのですが、実際に運用したところ、このモニタリングは機能しませんでした。

内部監査室は自身の顧客対応などの緊急性のある業務を優先し、自分たちが常にチェック対象としなければならない業務を片手間に行っていました。

また、内部監査のメンバーも経験豊富であるわけではなく、何をチェックして問題を発見するのかという基準も曖昧だったので、シートを見ていても、アラートを立てられないという問題もありました。

結局、**アプリや管理シートの問題ではなかった**のです。

クレームや重大なミス、業務遅延、コンプライアンス違反による現地政府からの罰金といった目に見える問題となって、初めて報告されるという旧態依然の状態を変えることができませんでした。

品質問題が後を絶たないのは、業務が属人化していることが最大の要因だと考え、業務の**マニュアル化**を進めようとしました。

172

当社の競合である会計事務所が、全ての業務をマニュアル化し、マニュアルに基づいて仕事を行うことを徹底し、成功を収めていました。

この競合他社は、一般に専門家の仕事とされている月次・年次の決算書の作成や、確定申告書の作成などのほとんどをパート社員でもできるようにして、正社員は営業やコンサルティングといった、手続業務ではない高付加価値業務に注力する方針を取っていました。

その結果、毎年増収増益で、社員1人当たりの給与も業界で高水準となり、多くの会計事務所が教えを乞うほどの成功を収めたのです。

我々も同じように全ての仕事のマニュアル化が必要だと考え、全世界で**マニュアル化のプロジェクト**がスタートしました。

しかし、日々忙しい状態にハマっているスタッフにとって、マニュアル化というのは時間ができたら行うものという位置付けに過ぎませんでした。

マニュアルを整備することの重要性を理解し、ここを仕事の中心に据えない限り、マニュアル化は進むことはありません。

また、全体像を考えずにマニュアル化を進めても、体系化されていないマニュアルは、使いづらいものです。

そもそも、社員は、**作れと言われて作っているだけで、使うことを念頭に置いていない**のです。

このような状態でマニュアルを作成しても、社員にとっては**「余計な仕事」**に過ぎず、マニュアル作りは遅々として進みませんでした。

さらに、作られたマニュアルも使われることはありませんでした。

マニュアル化や業務管理もままならない状況を何とか打破しようと次に考えたことは、社員の1日の**業務スケジュールを「見える化」**することでした。

社員は毎月末にタイムシートと呼んでいる勤務管理表を会社に提出す

ることになっています。タイムシートでは、どういう仕事にどれくらい時間をかけたのかを毎日記入できます。

しかし、実態は提出期限ぎりぎりに1カ月分を作成する社員が大半で、そのために業務毎の時間の記録もいい加減に記載していました。
ひどい場合は「業務：8時間」とのみ全出勤日に記載して提出する社員までいました。

これを補完するため、毎日、**「デイリープランニングシート」**というタスクと予定及び実際時間数を書く制度を導入しました。

日々の業務開始前に、まずは1日の行動をプランニングして、どれくらいの時間でどのタスクを終わらせるのかを記載して事前に上司に報告させました。

また終業時にも実際の業務内容をデイリープランニングシートに記載した上で上司にレポートし、改善点や残タスクを翌日の計画に反映させるという形で運用を行いました。

このプランニングには、今すぐやらなければならない緊急性のタスクだけではなく、業務改善や標準化といった中長期的に重要な業務もリストアップして1日のタスクに落とし込むというルールを設定しました。
スタッフの業務単位でPDCAサイクルを回していこうという企画です。

導入後最初の数カ月は、それなりに書かれていましたが、上司からのフィードバックが弱ければ、**マンネリ化し、デイリープランニングシートを作成しない社員や部署**が出てきました。

この制度の肝は、「習慣化」と「上司からの適切なフィードバック」でした。
まずは、毎日やるのが当たり前になるまで徹底することが第一です。

そして、社員の行動計画や結果に対して上司が適切にコメントして、正しく効率的な仕事の仕方を教育して成果につなげるということが2番目のポイントでした。

しかし、導入して間もなく、フィードバックする側の上司がただ提出されたものを受け取るだけになりました。
また、社員も出しても出さなくても何も変わらないという状態になり、結局習慣化する手前で頓挫するという最悪の結果になってしまったのです。

第3工程は、請求書を送っても期日内の支払がなされない、いわゆる滞留債権の管理が中心です。
海外での債権の回収は、振り込みではなく小切手の郵送で行われるところもあり、期日通りに回収できずに苦労します。
支払の約束を取り付けても、入金されないことも多々ありました。

そこで、再度顧客にコンタクトして、支払予定を確認することになります。

また、支払の督促をしても、「顧客と連絡がつかない」、「日本人の責任者がいないから分からない」、「担当者が動いてくれない」という状態が延々と続くこともありました。

その結果、ずるずると入金予定が遅れ、管理する側も根負けして、深追いしなくなり、貸倒れが起きるという事態も発生しました。

加えて、支払が行われなかった理由が、当社で対応すべき業務が完了しておらず、納品前に請求書だけ出していたというケースもありました。
また、顧客が当社のサービスに満足しておらず、支払を保留にしているという、「実質クレーム」になっていたという例もありました。

ここで我々が本来考えるべきは、滞留しているものを回収するだけで

なく、そもそも滞留債権が発生しない仕組みにすることでした。

　納品した業務に対して対価が適時に支払われるためには、お客様が満足する納品物を提供することが前提です。

　特に海外拠点では、お客様の社内でも内部統制が十分に機能しておらず、約束した期日に支払を行うというルールが守られないということがあるので、ここを指導するのも我々の役割として捉えるべきです。

　しかし、実際は、当社の社員の多くが、業務を怠れば顧客からのクレームが発生しますが、回収を怠っても顧客からクレームは出ません。
　結局、業務を優先し、債権回収業務ですら「先送り」することが日常的に起きていました。

　結果として、滞留債権の件数や金額は膨れ上がるという悪循環に陥ってしまったのです。

　3つの工程における様々な管理手法を試しましたが、結局**どれも中途半端になり、まさに「失敗」の連続**となりました。

　マネジメントチームとして、「内部監査室」を立ち上げ最大10名まで増員したものの、効果はほとんど得られませんでした。

　なぜうまくいかなかったのかを振り返ると、いずれも、日本本社から現地拠点へのアプローチに問題があったと思います。

　基本的に内部監査から現地スタッフへのコンタクト内容は、次のことをただ繰り返すだけでした。
　「入力されていないので入力してください」
　「期限が過ぎているのでやってください」
　「回収されていないので回収してください」

　相手は業務に忙殺され、本社が求めることを行うのは二の次でした。

さらにこのような仕事が自身の負担を軽減し、成果につながるという認識が持てずにいました。

　このような相手に対して、ただ「やってください」と言っても問題は解決しないのです。

　アプローチを誤ったまま同じことを続けても、日本の内部監査室は、「**私はちゃんと言っているのに現場がやってくれない**」と考えるだけでした。

　悪いのは、結局、「自分たちではなく、動いてくれない現地の人間」という対立構造も生まれました。

　本社は「決まったルール通りにやらせることが仕事」という認識では、海外拠点との「対立」が生まれても、「改善」されることはありません。

　共にどうすれば問題解決していくか、お互いがWin-Winの関係になる観点が欠如していたのです。

　目的の共有がなければ、仕組みの整備・運用は失敗します。

　しかし、当時の我々には、**緊急性の高い目の前の仕事に忙殺**されて、本質を見誤っていたのです。

　最終的には、日本からのマネジメントではなく、インドネシアやタイで行われた個別のマネジメントの成功事例を日本も含めて全世界で展開することで解決を図ることになりました。

03.

ロワーマネジメントの「仕組み化」の実践事例－インドネシア

　初代のインドネシアの拠点長がコントロール不可能となり、しかたなく解任した後、混乱を極め、その後、立て続けに3人の拠点長が状況を改善できずに退職したことは前述のとおりです。

5人目に抜擢された20代半ばの拠点長が赴任した当時、社員が日曜日の朝6時にタイムカードを押して、夜12時に帰宅したという不正記録をして残業代を荒稼ぎしていました。

　なんと彼が残業代を調査したら、残業代だけで給料の2倍になっていました。

　これも前任の責任者が甘い管理を行っていた結果でしたが、私も残業代が多いことは認識していたものの、まさかタイムカードの不正までしているとは思いませんでした。

　これを発見した拠点長は、社員に「殺される」ことも覚悟で残業代の支払を拒みました。

　新興国は、安いお金で簡単に「殺し屋」を雇えるため、社員との対立は避けなければいけません。

　フィリピンで飲食店を経営していた日本人社長が殺された事件がありましたが、おそらく解雇した社員との対立が原因だったと言われています。

　不正は明確だったので誰からも残業代の支払要求はされませんでしたが、代わりに大量の離職者が発生しました。

　以下は、このような最悪の状態から、命を削りながら「仕組み化」を成功させたインドネシア拠点長の改革の実録です。

（1）「仕組み化」によるワークライフバランスを実現
　インドネシアの会計事務所では、未だに「24時間働けますか？」という慣習が残っており、大手監査法人でさえ長時間働ける人を有期雇用で採用するという状況です。

　その慣習は当社でも変わらず、私が赴任した当時は、「納期に間に合わないから」と言って夜中の1時まで働くというのが当たり前の労働環境になっていました。

会社側からすると、「もっと効率良く働いて残業ゼロ、休日出勤ゼロにしてほしい」と思うのですが、当時の社員からは、「忙しいから仕方ない」、「これ以上効率良くやるというのは、適当に仕事をしろということか？」、「自分たちは頑張っているんだから、これ以上求めるならまずは給料を上げろ！」というような発言しか出てこない状況でした。

どうあがいても今のままでは「カイゼン」は夢物語でした。

とはいえ、社員の意識が変わるのを待つ時間的な余裕もなかったため、最初に、**「ムリ・ムラ・ムダ」の原因分析**を行いました。

そこで出てきた原因は、大きく以下の3つでした。
・業務の属人化
・標準作業時間の未設定
・改善という意識の欠如

これらの3つから、どのような問題が起きていたのか、これに対してどんな解決策（仕組み化）を立てたのか、そして、どのように実行して解決してきたかを紹介します。

原因1：業務の属人化
第1の原因は**「仕事の属人化」**でした。
この結果、以下の3つの問題が発生していました。

①作業負荷の不均衡（ムリの発生）
管理者が全体の業務を把握せず、スタッフが仕事を抱えていました。

結果として、各社員の持っている仕事量が把握できず、担当者の作業時間が適正なものか評価できない状態になっていました。

サービスの内容は同じであっても、作業のボリュームや難易度は顧客ごとに異なるため、担当している顧客数は同じでも工数に差が生じてい

ました。

　これが担当ごとの作業時間に大きなギャップを生み、「ムリ」につながっていました。

②担当者依存による非効率な業務運営
　お客様1社に対して1人の担当者を設けていました。
　その結果、担当者が休暇を取ると業務が停滞する状況でした。

　さらに、担当者が顧客とどのようにコミュニケーションを取り、対応していたかの情報共有が全く行われていなかったため、担当者が退職し新たな担当者が就くたびに、顧客へ同じ質問を繰り返し行い、顧客にとって大きな負担をかけていました。

　これが原因でサービスの品質にも「ムラ」が出る原因になっていました。

　また、担当者によって作業方法が異なり、ある担当者ではやっているが、別の担当者ではやっていないというように仕事の方法が統一されていませんでした。

　「仕事をしているふり」のような「ムダ」な作業も見受けられました

③問題の潜在化から起こる業務遅延、品質低下
　問題が発生しても、明らかになるのは顧客からのクレームが来た時だけでした。
　担当者は、悪い状況を共有しなかったため、担当者以外の社員は、問題が起こっていることに気づくことができない状況でした。

　また、各担当者の抱えていた仕事量が多く、属人的な方法で仕事が行われていたため、全ての仕事が納期ギリギリになっていました。
　チェック漏れによるミスや、作業終了後に納品が完了せず帰宅するといった問題が発生していました。

さらに、納期がギリギリになっていることも上司がチェックしていない状態で納品されていることにも誰も気づかず、顧客からのクレームの連絡を受けて初めて問題を認識するという状況でした。

このような問題に対して、以下の3つの解決策を実行していきました。

①IKEAに学ぶマニュアル・チェックリスト化
　属人化からの脱却のためにまず実行したのは、**「マニュアル」**と**「チェックリスト」**を整備したことです。

　マニュアルとチェックリストを整備する目的は2つあり、1つ目は誰がやっても同じやり方、**同じクオリティ**で完成品ができるということです。

　まず、「マニュアルを作ろう！」と言って始めたものの、マニュアルとは言えないレベルのお粗末なものでした。

　そもそも、社員は今までマニュアルというものに触れたことがなく、まずは誰がやっても同じやり方、同じクオリティになるマニュアルとはどういうものかと知ってもらうために、IKEAの椅子を4つ購入し社員にマニュアルを見て組み立ててもらうようお願いしました。

　もちろん、IKEAのマニュアルは子供が見て作っても同じ椅子ができるようになっている（文字もなく、絵だけ書いてある）ため、弊社の社員が作った椅子も全く同じクオリティでできます。

　その後、これと同じように新卒社員がやっても、経験者が作業をしたのと同じようなクオリティで完成品ができるようなマニュアルにしたいということを伝えてマニュアル整備が進みました。

　2つ目は、当社に入社してくれた社員にムダな仕事をやらせたくないという思いでムダの排除をしました。

ムダな仕事がしたいと思って入社してくる社員はいません。

マニュアルとチェックリストを整備することで、会社としてやらなければいけないことを明確にすれば、過去の習慣に囚われず、ムダな作業を排除することができます。

結果として、社員の業務に使う時間が確保できるようになります。

②工程管理表による業務の見える化

属人化により、どの業務がどれくらい進んでいるかが不明確だったためそれぞれのサービス毎に**工程管理表（プロジェクト管理表）**を作成しました。

大きな分類は、**年次、月次、スポット**で、月次業務について全ての工程と業務内容を完了予定日も含めExcelに書き出し、各担当者に工程が進むごとに完了した日付を入れてもらうというルールを作りました。

当然ですが、社員にとっては作業量が増えるため工程表を書き入れない社員がいました。

そのような場合は、週ごとに担当者を決めて**埋まってないところをチェック**しました。

週次で工程表を見るためだけの会議も開催し徹底的に工程表を埋めさせました。

社員の中には、「仕事が終わってからまとめて入れる」という後回し癖のある社員もいました。

このような場合は、工程が遅れていると判断して、マネージャーから強く遅れの理由を説明させるアプローチをしました。

これにより、**「入れない方が面倒くさい」**という印象が社員に残るため、家に帰る前には工程表に数値を入れることが**習慣化**されました。

また、チェックしやすいように、できる限りシンプルな工程表を作り、

トヨタの「アンドン」を参考に、遅れが出るとアラートが立つようにしました。

　未然に業務の遅れやエラーが起こりそうな個所を発見し、リソースを割くといったことを担当者からの報告がなくとも行えるようになりました。

③チーム制による責任範囲の共有
　1人の担当者に依存している状況を打破するために、3〜5人のチーム編成にして1つの顧客を3人で相互に担当するという体制に変更しました。

　チーム制にしたことにより、誰か休んでも他の人が対応できる、チーム内でのクロスチェックが行える、顧客の業務量によってチーム内リソースを割けるというメリットがあります。

　この体制を行っていたことにより、コロナ禍で半数の社員が休んでいる時でも、チームの誰かがいれば、別チームのサポートメンバーに情報共有ができ、マンパワー不足を理由に納品が遅れるということはありませんでした。

原因2：標準の作業時間の設定がない
　マニュアルの整備の次に取り組んだことは、何に時間がかかっているかを知ることでした。

　マニュアルを作ったもののそれぞれの作業には、担当者ごとの経験やスキルによって、同じ業務でも5分で終わる場合や30分かかってしまう場合など幅がありました。

　無駄な作業をさせないために、マニュアル化を進め仕事のボリュームをチームごとに均一にしたつもりではあったのですが、工程ごとの標準作業時間が設定されていませんでした。
　結果として、チームリーダーの感覚で、この仕事はこのくらいの時間

がかかるということが決められており、感覚的に時間のコントロールが行われていました。

その結果、一部のチームに無理な作業が与えられ、リーダーによっては作業にかける時間にムラができていました。

①標準作業時間の設定によるムリの発見

どのチームがどれだけの業務量を持っているかを把握するために、各業務/工程ごとに標準作業時間を設定しました。

この設定は、社内で一番できる人が高品質、ハイスピードでできる基準を設定します。

これによってチーム、各社員に作業時間の**理想的標準が見える化**できました。

その結果、**標準時間と実際時間との比較**が可能となりました。

例えば、短いから標準作業に沿ってできているという意味ではなく、標準時間より短い時間でできたことは何かしら重要な工程をスキップしているかもしれないという**仮説**を持つことができます。

チェックリストが使われているか、クロスチェックやトリプルチェックという社内ルールが蔑ろになっていないかが検証可能となりました。

「仕組み化」をする上で重要なポイントの1つは**「うまくいってないことは何か?」**と常に問いかけ続けることにあります。

最終的に問題が発見されれば改善策は出せるため、改善ポイントを**KPI**化して**週次会議**で進捗を追いました。

もちろん、一番できる人に合わせて標準時間が設定されているため、新卒社員や経験が浅い社員にとっては、かなりストレッチのかかる目標設定になっています。

このギャップを埋めるための**社内研修**も企画しました。

理想的なレベルの高い標準時間の設定をするのは良いことですが、これに対して会社のフォローアップ体制がないと社員が疲弊してしまいます。

　仕事にムリが出ることは明らかだったので、当時の課長職以上に**「どんな研修があったら良いか」**を考えてもらいました。

　現在では、繁忙期前や繁忙期後の業務量が多くない時期に、部長が中心となり繁忙期に向けたトレーニングや、業務に必要な知識の研修会などを企画し、より高いレベルでの標準化の実現に向けてチャレンジしています。

②標準作業時間の削減により付加価値の高い仕事を行う

　どのような作業でも、1カ月しかやっていない作業と10年やり続けている作業では、同じ内容でも実際にかかる時間は変わります。

　社員からすれば、一度設定した標準時間はある意味で既得権益になるため、それよりも早く終われば、暇な時間ができて仕事は楽になります。

　そこで、3年以上働いている経験者は、**作業時間を1年以内に50％削減するという目標**を設定しました。

　チーム、社員、業務、工程ごとに細かく標準時間を設定し、標準時間をオーバーしている業務、標準時間通りに終わっていても月によりムラがある業務、標準時間で完了している業務で分類し、優先順位をつけて削減率を毎週追っていきました。

　実際に1年間で50％削減できる事例もありましたが、平均で30％の直接時間の削減に成功しました。

　また、アイドリングタイムを顧客への改善提案や新人の育成への時間に使い、**付加価値を高める**ことに時間を割きました。

結果的に顧客満足度が5年前と比べて飛躍的に上昇しました。

顧客満足度は、毎年、NPS（Net Promoter Scoring）というメソッドを使って測っています。

インドネシアでは、年率5～8%賃金が上昇します。

標準時間の削減で、チーム当たりの担当できる顧客が増加し、結果的には顧客が2倍になっても社員数は1.3倍ほどで対応できるようになりました。

社員の給与も5～8%を超える範囲で昇給しても利益率には影響しない状態になりました。

③前工程から企画することで手待時間を削減する

トヨタのジャストインタイムを参考に、今までは社内だけの作業時間管理を行っていたものを、顧客からのデータの提供（顧客が社内で準備する時間を含む）時間も含めて標準時間を設定しました。

これにより顧客からのデータを待つという手待時間を削減することにしました。

これを行った理由は、毎月、ムリが出ない計画を立てても、月次で特定の時期だけ忙しくなるのはおかしいと思ったからです。

社員にヒアリングした結果、顧客からデータを共有される時期が、顧客に依存している状況になっていることが分かりました。

社内でどれだけ無理のない計画を組んでも、業務を行うタイミングはコントロールできませんでした。

10日、15日、20日、月末と期限があり、タスクは企業に対して共通のものなので、顧客が期限ぎりぎりでデータを送付してくれば、その時期のみ業務量が多くなりムリが発生しました。

結果として、チェック漏れや疲労によるミスなどが起こりやすくなっていました。

これを解決するため、顧客の希望する納期を明確化し、顧客と共にデータ受領のスケジュールを組み、全てのデータの共有日を顧客と共有しました。

　これによる顧客のメリットは、当社から早く納品できることで、顧客も納品されたサービスの内容に関して、顧客からフィードバックしてもらう時間が作れ、イレギュラーな問題があった際も期限までに修正が完了できるようになりました。

　顧客からのデータ受領はもちろん、**「後工程はお客様」** というトヨタ流のコンセプトを浸透させることができました。

　「スタッフが作業完了するのを待っています」、「チェックが回ってこない」というように受け身だったチームリーダーが自チームのスタッフをフォローするようになりました。

原因3：改善という習慣がない

　マニュアル・チェックリストの整備、標準時間の削減など様々なトライをしていく中で気づいたことは、今の業務をフォローする習慣はあっても、**より良くしていく考え**がなかったことです。

　「カイゼン」も仕事だと言っても、「それはジョブディスクリプションには入ってない」と言われ、文化の違いに直面してしまいました。

　この改善意識を根付かせるために行ったことは、次の2つです。

①会社として改善したいポイントを提示する

　そもそも「カイゼン」の習慣がないため、社員から改善案が上がりません。

　まずは、社内のチェックでミスを見つけた場合、顧客からミスの指摘があった場合、マニュアルとチェックリストの修正を行うことをルール化しました。

ただし、ミスには2つのタイプがあります。
・マニュアルを使用せず、業務をしたことによるミス
・マニュアルを使用したにもかかわらず発生したミス

「マニュアルを使用しないで業務をしたことによるミス」については、**「規則の省略エラー」**であり**社員教育**の問題です。

当該社員に徹底的にマニュアルを使って業務を進めるように教育するほかありません。

一方で、我々が改善したいことは、「マニュアルを使用したにもかかわらず発生したミス」です。

これは会社内の**「仕組み」（規則）エラー**であり、早急に改善が必要なものです。

ミスが起きた際はミスを修正する前に、マニュアルとチェックリストの修正を義務付けました。

「マニュアルやチェックリストを修正した後に、ミスの修正をしていては、顧客への納品がギリギリになるのではないか」との意見もありました。

しかし、毎月、同様のミスの修正で顧客にムダな手間をかけさせるより、**1回の納品がギリギリになったとしても二度と同じミスが発生しないことの方が重要**です。

自社も顧客もムダな作業を排除できるメリットを共有して納得してもらいました。

次に、標準化が進んだため、**大学生インターンの採用**も積極的に受け入れることができるようになりました。

2023年は27名のインターン生を受け入れました。

標準化の大きな目標として、「インターン生がマニュアルを見れば業務が完成できるレベル」にしたため、結果として、多くのインターン生が紹介で来てくれるようになりました。

② 「カイゼン」が継続し、報告が上がる仕組みを作る

　カイゼン活動は、習慣化していない場合、ちょっと目を離せば改善が行われなくなることは簡単に想像できます。

　当社でも最初はノリノリでやってくれていた社員たちも徐々にトーンダウンし、形骸化しました。

　これは問題と思い、週次の進捗会議で毎週、今回改善したポイントと次に改善しなければならないポイントについて報告することにして、変化を共有する時間を設けました。

　週次会議では、ここに一番時間を使いました。

　こちらが認識しているミスの報告がその場でなされなければ、その場で要改善のリスト化をさせます。

　改善後の内容が甘い場合は、その場でどのように直してほしいかリクエストして、翌週に確認するという流れで地道にかつ徹底的に「カイゼン」にこだわり運用を行ってきました。

　大野耐一氏の「昨日やった改善に腹が立つようになれば一人前」という言葉があります。

　一度やった改善についても翌日にもっと良いものが思いつけば、どんどんカイゼンを繰り返すことができます。

　また、カイゼン数とミスの発見数を評価項目とすることで、社員がカイゼンを仕事の中心に置く仕組みを構築しました。

　最初はどんな小さいミスでも良いので、最低5つはカイゼンしなければならないポイントを見つけてきてほしいと伝えました。

　小さなミス報告では、「顧客にメールする時にCCに入れる人を間違えそうになった」といったものまでありました。

　会社にとっては、この小さなミスを防ぐことで大きな問題を防げると

考えれば、報告が上がってくることが重要です。

　どんな小さなミスであっても社員が上げてきたものには**「感謝」**をし、一緒にカイゼン案を考えてあげることで報告した方が良いという**「文化」**をつくっていきました。

　現在では、「仕組み化」によるワークライフバランスの実現で、新卒から結婚、退職まで社員が当社での長期キャリアプランを考えてくれるようになったと実感しています。
　これが、離職率の低さに如実に表れたと考えています。

（2）「仕組み化」に終わりはない

　ここまで、私がインドネシアに渡ってからの「仕組み化」に対する取り組みを紹介しましたが、現状に満足することがあってはダメだと思っています。

　トヨタには、**「改善後は改善前」**という言葉がありますが、常に**「何かもっと良くなることはないか」**と考え、**改善を続ける文化**を根付かせることが仕組み化のゴールであると考えています。

　「仕組み化」を押し進め、継続していくために私が心がけていたことを3つ、最後に皆様に共有したいと思います。

①まずはトップがプロジェクトリーダーになり思いを伝える
　そもそも、仕組みがない会社に仕組みを導入するには、**「1回潰れた会社」だと思ってやるくらいの覚悟**が必要です。

　「過去があるから今がある」というように、**過去の延長でやっていては絶対に「仕組み化」は達成できません。**

　私のようなサラリーマン社長であれば、失敗すれば責任を取って辞めるという選択肢もありますが、それはただの甘えです。

190

「仕組み化」を達成するには「**絶対に辞めない覚悟**」が必要です。
オーナー経営者には、辞める選択肢はありません。
それと同じ覚悟ができなければ、大きなことは実現できないのです。

とはいえ、新しい事を始めようとすれば、既存の役職者や古参社員から大きな反発があります。
私は「絶対に良い会社にする！」というメッセージを、毎日、思いを込めて伝え続けました。

さらに「今の当社は、インドネシアで最悪な会社かもしれない。しかし、数年後には絶対に一番良い会社にする」と宣言し、給料も2倍にすると約束しました。

その後どうなったかといえば、当時入社して一緒に頑張ってくれた社員は皆管理職となり、給料は当時の2.5倍、顧客からも高い信頼を得ています。

また、全てのミスは仕組みの問題（システムエラー）と捉えることで、**問題が発生したら必ず現物を見る（ルールの不備を疑う）**ことを徹底しなければなりません。

プロジェクトリーダーがエラーの現場を見ないことは絶対にあってはなりません。
現地現物で自分の目で見て確認して、**社員と一緒に考え実行することで、社員は信頼**し、ついてきてくれるようになります。

②「即断、即決、即改善」
この言葉は、**ファーストリテイリングの柳井正会長の「即断、即決、即実行」**をもじったものです。

この重要性は、社員は困っているから連絡や報告をしているわけであり、それに対する回答（フィードバック）を先送りにすることは、社員

第四章

ロワーマネジメントの「仕組み化」─当社の改革奮闘記─

191

からの期待を裏切ることに他なりません。

　その思いから、社員からの報告にはすぐに意思決定し、対応策と改善策を決めるという事を徹底してきました。

　これを実践することで、社員から「この人に聞けばすぐに意見をくれる」、「困った時にすぐ助けてくれる」という信頼が生まれ、小さなエラーでもちゃんと報告してくれるようになります。

　また、改善までのスピードについて、当社では**「クレーム発生から2時間以内に報告する」**という社内ルールがあります。

　それに対し私は、スタッフから困ったことや小さなミスの連絡を受けたらその場で改善策を決めるというルールを設定しています。

　改善の文化を根付かせるためには、できる限り最速で改善を始める姿勢を見せることが、トップの役割なのだと思います。

③長期軸で考え、決して諦めない
　私の経験則になりますが、**「マニュアル整備は3カ月、マニュアルの習慣化は6カ月、新しいミスが発見されるのが1年後、改善の文化ができるのが3年後」**というのが大枠での「仕組み化」のタイムラインになります。

　これが**プロセスイノベーション**です。

　ここから、新規事業（真のイノベーション）などができてくれば、もう一度この流れを行っていくことになります。
　これが、起業家クワドラントのスパイラル成長となります。

　また、作成されたマニュアルも時代に合わせてアップデートさせていく必要があります。
　成果を焦り、「仕組み化ができない」と思うことがあるかもしれません。

しかし、そんな時は「早くても3年は軌道に乗るまで時間はかかる」と言った人がいたなと思い出していただけると幸いです。

（3）「良い会社」をつくる上で最も重要なこと

改善の文化形成を行う上で、最も重要なことは「なぜ仕組み化を行うのか」を正しく社員に伝えることです。

例えば、インドネシア法人であれば当社グループの理念・ビジョンとは別に、インドネシア法人のミッションを掲げています。

我々の仕事の全てがこのミッションにつながっており、このミッションを毎朝の朝礼で読み上げています。

「企業は人なり」という言葉もありますが、良い人材が入ってくる会社には良いミッションがあり、良い人材が育つ会社には良い環境があります。

この良い環境とは、良い仕組みがある会社です。

この良い人材が継続的に次の世代を育成していくサイクルこそが「真の仕組み化」なのではないでしょうか。

このレベルまで仕組みを作りこめれば、会社は加速度的に成長します。

社員が長期的に成長し続ける会社になると信じ、「カイゼン」の文化形成を行っていくことが「良い会社」をつくる上で必要なことと私は信じています。

（4）インドネシアでの「仕組み化」の成果

ムリ・ムラ・ムダを削減し、「仕組み化」を行った結果、次のような成果が実現できました。

- 残業時間の削減
  2019年　平均100時間/月　→　2023年　平均3時間/月
- 離職率のダウン
  2019年　約80%　　　　　→　2023年　約2%
  - 売上額アップ
  2020年　5,600万円　　　→　2023年　1億3,000万円
  - 営業利益率アップ
  2020年　約5%　　　　　 →　2023年　約35%
  - 平均給与アップ
  業界平均より高い給与設定

04.

ロワーマネジメントの「仕組み化」の実践事例－タイ

　タイはインドネシアと異なり、立ち上げに苦戦しました。
　当社が進出した2011年では既にタイに30社ほどの日系コンサル会社が乱立しており、我々は後発としての出発でした。

　初代の拠点長は、赴任1年後に退社。
　「最初から1年間の海外経験を積んだら辞めるつもりだった」と彼から退職時に聞いた時は、さすがに私もショックでした。
　1年間で獲得した顧問数は3社程度でした。
　今思えば、海外経験を積むことだけが目的で赴任していたのかもしれません。

　次に彼の部下であった日本人女性を拠点長にしましたが、業務がうまく回ることはありませんでした。その後、彼女は当時、外注先であったタイのローカル会計事務所に転職。

　そこで、インド事業の立ち上げに貢献した社員を日本から「切り札」

と思って赴任してもらったのですが、状況は変わらずのまま。

　どうも日本で管理者として業務を行うことと、海外の現地で自分が実際に仕事をするのでは勝手が違うようでした。

　4人目として、私が将来、「私の後継者として社長を任せよう」と思っていた社員に赴任してもらいました。

　言ってみれば、最終手段を使ったことになります。

　彼は、非常に能力が高く、売上も順調に伸びました。

　しかし、タイ人との結婚を契機に私の「仕事優先」の経営方針と対立して退職。そして、タイで同業者として独立しました。

　彼の部下であった日本人の新卒社員を拠点長にしましたが、実力差もあり引継ぎがうまくいきませんでした。

　その結果、かなりの数の顧客を失うこととなりました。

　そして、6人目として、まだ20代半ばの社員を日本から赴任してもらいました。

　前任者の引継ぎの失敗で半分ほどの顧客を失った状態でのスタートでした。

　私は、中途社員で良い人材を雇うまでのワンポイントと思っていましたが、彼は期待以上の成果を上げてくれました。

　タイ拠点は最悪の状態から脱却しただけでなく、今では、当社の海外拠点の中で**インド拠点を追い越して最大規模**にまでに成長しました。

　次は、「仕組み化」を成功させた6人目のタイ拠点長（現在ASEAN地域統括担当）の実録奮闘記です。

（1）赴任時の組織体制

　私がタイに赴任した2017年当時のタイ法人は、誰が見ても「悲惨な状態」でした。

　15名にも満たない組織で、与えられた仕事はそつなくこなしているように見えるものの、大半のスタッフが会社の方針に全く従っていませんでした。

　遅刻は当たり前、無駄に残業を行い、残業代を稼いでいる状態でした。

　当然のことながらスタッフ間での協力体制も存在せず、仕事も属人的に行われていました。

　現地スタッフのトップであるナショナル・マネージャー（タイの公認会計士）も、会計事務所でのスキルや経験があるだけで、本来のマネージャーとしての仕事をしていませんでした。

　社員と会社との間に揉め事が起きた際には、真っ先に社員側の先頭に立ち、会社vs社員の構造をつくる人物となっていました。いわば、労働組合長のような存在でした。

　マネージャーを含めた全社員が、自分の給与のことだけ考える「自己中心的な社員思考」に陥っていました。
　"組織"と呼ぶには程遠い、ただ人が集まっている"集団"に過ぎませんでした。

　ただの"人の集団"を"真の組織"に変えていく仕組み作りとは何か？
　私が直面した当時の問題から、「真の原因」を見つけだし、解決に向けた取り組みを説明していきます。

　私が赴任した当時のタイ法人の組織は、拠点長として日本人がいて、その下にタイ人マネージャー、シニアスタッフ、ジュニアスタッフというヒエラルキーがありました。
　役職自体は年齢や勤務年数に応じて与えられていましたが、各人の業

務自体はほぼ同じものでした。

結果として、日本人以外の現地スタッフは、ほぼ横並びの**フラットな組織**でした。

このような、**「文鎮型」の組織体制は、海外子会社の小規模な企業では起きやすい**ものです。

これは、良くいえば"フラットでアットホームな家族経営"のようにも見えますが、社内で問題が起きた際に、会社（社長）vs社員の構造を引き起こしてしまう原因となることがあります。

このような組織体制によって、以下の3つの問題が引き起こされていました。

①企業が大きくならない（成長リスク）

フラットな組織体制を取っている企業、**アットホームな組織形態**となっている企業は、総じて**変化を嫌う傾向**があります。

「現状で問題がない」、つまり課題化ができないと、現状維持をし、自分の仕事の範囲を限定し始めます。大野耐一氏も**「問題がないことが問題」**と言っています。

社員は、顧客が増えると今の体制を変えることになるため、増やしたくない。

しかし、給与は毎年昇給するべきと不満を言います。

このようなことが当時のタイ法人で実際に起こっていました。

特にASEAN諸国の発展途上国と呼ばれる国では、毎年、最低賃金が上がり続け、物価も上がり続けていることから、仕事の内容が同じでも昇給を求めてくることが当たり前です。

そのため、変化を受け入れる態勢がとれておらず、企業が成長していないのに、賃金は年々上がり続け、利益率だけが圧迫されるという状況

になっていました。

　海外子会社が閉鎖に追い込まれる典型的な組織体制に当社がなっていたのです。

②企業として新たな変革（イノベーション）が起こせない
　変化を受け入れない組織では、イノベーションが起こせません。
　成熟期を迎えている企業は、新たな戦略を立て、イノベーションを起こし続けなければ、やがて衰退期を迎えます。

　ただし、企業の規模が変わることですら受け入れられない場合、新たな変革は受け入れず、私の改革提案も社員からの協力が得られませんでした。

③新たな管理者が生まれず、トップが常に忙しい状態の組織となる
　フラットな組織体制は、管理者が育つ仕組みができません。

　当時、タイ法人では、日本人を除き全員が女性社員でした。
　長年働いて、知識や経験を持った年長者が、組織をまとめることもなく、単なる同僚に過ぎない状況で、役職でコントロールされるというより、先輩・後輩の関係に過ぎませんでした。

　一見すると職場の雰囲気など和やかに思えましたが、ナショナル・マネージャーは会社側ではなく社員側に付いていました。
　結果として、会社の戦略立案やKGIの設定、生産性の向上を図るための改善などを企画することはできませんでした。
　結局、全てを日本人だけで行わなければなりませんでした。

　また、組織がフラットな状態となっていると、各顧客にそれぞれの担当者のみが割り当てられ、**業務管理も属人的で管理者不在の状況**となっていました。

　言い換えると、業務管理のロワーマネジメント（LM）、改善指標を管

理するミドルマネジメント（MM）、戦略立案をするトップマネジメント（TM）、全てのマネジメントを日本人が行うという組織体制ができ上がっていたのです。

これが原因で、日本人が構造的に忙しくなっていました。

組織体制の「仕組み化」を先送りするとこのような状況に陥ります。
タイのみならず、これが当社の各海外子会社で起きてきた構造上の問題です。

（2）アメーバ経営を参考に組織体制を構築

この変化を嫌うフラットな組織体制のタイ法人をどのように「仕組み化」していったのか？

初めに、今まで各個人のスキルに依存し、属人化していた組織体制をやめることから始めました。

私は、京セラ創業者の稲盛和夫氏が考案した**「アメーバ経営」を参考に組織づくり**をすることにしました。

当時15人しかいない組織をさらに少数のメンバーに分けて、細かな集団に細分化し、**各集団（チーム）のキャプテンを任命し、「ドリームチーム」と呼ばれるチームを複数編成**しました。
（なお、キャプテンとドリームチームは、NETFLIXで使われている名称を使いました。参考文献：『NETFLIXの最強人事戦略 自由と責任の文化を築く』光文社）

また、東京大学先端科学技術研究センター・特任講師の熊谷晋一郎氏の**「自立とは、依存先を増やすこと」**という言葉を組織構築にも応用しようと考えました。

個々のスキルを高め、自立したスタッフを育てるのではなく、複数の

人に薄い依存をすることにより、1人がいなくなっても問題が起きない状況が本来の自立のあり方と考え、組織を再構築しました。

チームキャプテンには業務に入るのではなく、生産性、効率性の指標として1人当たりの売上高、標準時間の設定により管理をさせました。

これを常にチーム指標として発表させることにより、何度言っても昔は理解していなかった社員も管理者としての働き方をするようになってきたのです。

自発的に目標指標を提案し、チームメンバーを集め、会議を開催するなど、今まで見たことのない活動がチームごとに始まりました。

次にチームごとの管理が属人化しないように、2つの施策を講じました。

①他のチームも含めた社員全体の前での各チームの活動報告の場の設定
②チームのキャプテン同士の会議の場の設定。

全体の前でチームごとに自分たちの取り組みを発表する場を設けたため、全チームの動きが常に把握できるようにしました。

また、良い取り組みを行っているチーム発表には、経営層やマネージャーからポジティブなフィードバックを行うことにより、良い発表をすれば良い評価が得られるという意識付けができました。

この結果、各チームが良い発表ができるように事前準備を怠らなくなり、**KGI・KPI**といった**経営指標も運用**できるようになったのです。

また、**チームキャプテン同士の会議**を設けることにより、マネジメント層とチームキャプテンとの間で**戦略共有や方向性のすり合わせ**ができるようになりました。

細分化した組織を複数つくることにより、かつての会社vs社員の対立構造をなくし、属人化していた集団を、1つの組織としてまとめ上げることができたのです。

　次に目指したのは、"真の仕組み化"です。
　圧倒的な標準化を進めることにより、1人当たりの生産性を高め、社員の給与水準を上げても高い利益水準を保つことができる組織体制の構築です。

（3）マニュアルの形骸化

　個々のスキルに頼らない「仕組み化」をするに当たり、**マニュアル**及び**チェックリスト**を作り始めました。
　ここまでは、恐らくどの企業も行うことでしょう。

　しかし、作らせたのはいいですが、その段階で満足し、"作成すること＝ゴール"となりました。結局、作られたマニュアル等は使用されることなく、マニュアルとは名ばかりのものになったのです。

　これはどんな企業も一度は辿る道ではないでしょうか。
　失敗の原因は3つありました。

　以下、それぞれの原因について詳細に解説していきます。

①マニュアル作成の意味が十分に理解されていなかった
　マニュアルを作り始めた当時、とりあえず自分の業務をマニュアル化することを指示しました。

　結果として、意味付けが十分になされないままマニュアルが作られ、「とりあえずマニュアルを作る」ことが目的となりました。

　一番重要な**「なぜマニュアルを作らなければならないのか？」といった目的の共有**が十分にできていなかったため、手段が目的に変わったの

です。

マニュアルを作る当事者である社員が**「マニュアルにより何を得ることができるか」**が説明されていなかったため、ただ、指示に従うだけで当事者意識を持ち能動的に動くことはできませんでした。

そこで、1人当たり売上高を各チームで指標化させ、いかに少ない人数（時間）で多くの業務をこなせるか、つまり省人化の指標をマニュアル化と結び付け、改めて意味付けを行いました。

いかに顧客数が増えたとしても、それに伴い従業員を増やせば、1人当たり売上高は増加せず、彼らの給与を上げることができません。

給与を上げるための予算を確保するには、**1人当たり売上高**、つまり生産性を上げるしか方法がないことを再度説明し直しました。

社員は、何によって自分たちの給与が上がるのかが明確になりました。

特に海外では、**改革と昇給の因果関係**が明確にできると社員は納得します。
そのための指標として、1人当たり売上高は非常に有効な生産性の指標となりました。

これにより、社員も当事者意識を持ち、各チームが「どうすれば生産性が上がるか」を考えられるようになりました。

②業務担当者だけに作成を任せていた
意味付けを社員に行った次に、**「なぜマニュアルが形骸化し、今まで標準化が進まなかったのか？」**を考え直しました。

主な原因としては、**マニュアル作成者が同じ業務を行っていたため、マニュアルを使用せずとも業務を行うことができ、マニュアルの意義が**

なかったことです。

　そもそも使っていないため、マニュアルがアップデートされることもなく、同じ担当者が同じ業務を行っていれば、生産性も上がりませんでした。

　そこで、次の手として導入したのが、**業務ローテーション**でした。
　担当者を一定期間でローテーションすることにより、無理にでもマニュアルに触れさせる環境をつくりました。

　これにより、初めて業務を行う人でも1人で業務を再現できるかの検証ができ、マニュアルのレベルが一気に向上しました。

　そして最後の取り組みとして、**インターン制度**を導入しました。
　タイの大学のインターン生を採用し、インターン生にマニュアルを使用させ、従業員と同様に業務が行えるかの検証を始めたのです。
　正社員でないインターン生が行えるのであれば、素人であったとしても使用できるマニュアルになっているという意味になります。

　また、これにより今まで正社員で行っていた業務がインターン生でもできるようになり、労働コストは飛躍的に下がりました。

　この2つのステップにより、担当者が作るだけで使われなかったマニュアルを継続的にアップデートし、運用できる仕組みを構築することができました。

③実際に運用されているかのチェックがされていなかった
　マニュアル運用の精度を高めるための取り組みとして、ドリームチームの運用と組み合わせました。
　具体的には、**KGI・KPI指標と連動**させ、ドリームチームに発表をさせることで**業務生産性**が重要な課題になりました。生産性を上げるためのマニュアルの改訂を仕組みに組み込みました。

これにより、「標準化」から労働生産性を高める「省人化」の仕組みができ上がりました。

（4）習慣から文化へ

ドリームチームの運用により、ロワーマネジメント（業務管理）の「仕組み化」、マニュアルを生産性向上のため継続的にアップデートさせるミドルマネジメント（生産性）の「仕組み化」について記載しました。

最後にトップマネジメントの行うべき重要な仕組みとして「文化形成」が挙げられます。

習慣化したものを企業文化のレベルまで昇華させ、組織の優位性を持続する必要があります。

「仕組み」を企業文化のレベルまで昇華させるためには何が必要か？

私は「リーダーシップ」だと考えます。

ビジョナリー・カンパニーシリーズの著者であるジム・コリンズ氏はリーダーシップを「真のリーダーシップとは、従わない自由があるにもかかわらず、人々がついてくること」と定義しています。

上記の定義によれば、最強のリーダーシップがあれば全社員が無償でついてくるので、究極的には「仕組み化」もいらなくなるかもしれません。

しかし、そのようなリーダーシップは、再現性がなく他人に真似はできないため、リーダーシップに頼った組織は長期的には脆弱といえます。

「仕組み化」とは、マネジメントであり再現性、永続性があります。
その仕組みをリーダーが誰になろうと残るものとして企業文化をつくっておく必要があります。

204

逆説的ですが、この企業文化をつくる過程においては、リーダーシップは不可欠です。

　では、ここでのリーダーシップとはどんなものでしょうか？

　私が考えたものは次の2つです。

①ビジョンを見せること
②誰をバスに乗せるか、座席をどうするか？

　これは『ビジョナリー・カンパニー ZERO』（ジム・コリンズ著）に書かれていることですが、社員に対して、**「ビジョンを見せること、どんな経営理念があり、何を目標として、どんな企業になりたいか」** を示すことです。

　ここを明確にしなければ、文化形成を行うことはできず、組織ではなく、個の集まりとなってしまいます。

　ビジョンを明確にすることが、強固な文化形成をする上で不可欠な要素です。

　次に誰をバスに乗せるか、また座席をどうするかです。

　ビジョンに向かって進むバスの中に、いわゆる **「腐ったリンゴ」** がいる場合、周りの社員も腐らせていく存在の影響力は強く、バスは思った方向に進むことができません。

　ましてやバスの重要な席に座るべき人間が「腐ったリンゴ」になっていれば、バスは迷走します。

　「腐ったリンゴ」かの判断は、この従業員が、バスに乗るべきでないのは、"価値観の問題か、意思の問題か、能力の問題か"を検証することによって行う必要があります。

　価値観が違う場合は、非情ではありますが、バスに乗せるべきでない人材と判断すべきです。

　このような判断ができることも、文化形成をする上でリーダーにとっ

て必要な要件となります。

　このトップマネジメントの「仕組み化」ができた企業が、リーダーが代わった場合でも永続する企業ではないでしょうか？

（5）タイでの「仕組み化」の成果
　タイでの「仕組み化」の結果として、次のような成果が実現できました。

・残業時間の削減
　　2017年　平均40時間/月　→　2023年　平均2時間/月
・離職率のダウン
　　2017年　約120%　　　　→　2023年　約20%
・売上額アップ
　　2017年　3,000万円　　　→　2023年　2億5,000万円
・営業利益率アップ
　　2017年　約10%　　　　　→　2023年　約40%
・平均給与アップ
　　業界平均より高い給与設定

05.

全世界での「SCAD」の導入

（1）各国で行われていた「カイゼン」をSCADとしてコンセプト化
　我々の国際事業はこうした失敗の繰り返しの歴史でした。

　ITシステムや管理表をいくら整備しても、**「仏造って魂入れず」**の状態となり、すぐに形骸化して、元通りの属人的管理に戻ることが幾度となく繰り返されました。

　これは、私が**中央集権型「トップダウンアプローチ」**にこだわってきたことの裏返しでもありました。

206

上意下達の指示系統では、伝達が下位に行けば行くほど、本来の目的や、経営者がやってほしいという意図は伝わりづらくなります。

　では逆に**「権限委譲」**して現場に任せ、**「ボトムアップ経営」**で成功するかといえば、これも**現場管理者の能力に依存**し、結局、「何をやってもうまくいかない」状態が長く続きました。

　人を動かすのに大切なリーダーシップの問題があります。
　結局、**リーダーシップは属人の世界**であり、再現性のあるマネジメントではありません。

　内部監査室にそれを期待したのですが、リーダーシップが機能しなかったのも1つの原因でした。

　私は、トヨタのマネジメントシステムや「仕組み化」に関連する本を多数読む中で、他社での成功事例を徹底して真似ることにしました。

　その中で、第三章で紹介した汎用性のある**「SCAD」**というコンセプトができ上がりました。
　奇しくも、このコンセプトは当社のインドネシアやタイで苦労して確立してきたマネジメントシステムと同じ性質のものでした。

　トップのリーダーシップに依存しない、再現性があるマネジメントシステム、**全員参加型の「ボトムアップ経営」**をテーマとした「SCAD」を一気に全世界へ展開することにしたのです。

　これまでのアプローチでは、以下のような暗黙の意識がありました。
　「管理者が常に現場に情報を取りにいかなければならない」
　「部下は上司がチェックして問題に気づくまでは自ら悪い報告を上げる必要がない」

　これまでのやり方に限界を感じていた私は、この意識や構造から変え

ていく必要があると考えました。

　SCADの基本コンセプトは、次のものです。

　「全ての問題は、ヒューマンエラーではなくシステムエラーである」
　従って「システムエラーはすぐに周りの人とシェアしなければならない」
　「システムエラーなので、二度と発生しない原因を自分でも考え提案すること」
　「その原因に対処するのは、自分自身であること」

　しかも、このコンセプトでは、問題を発見・報告する都度、「報酬」が発生し、さらに上司からの「承認」も得られるのです。

　社員の「モチベーション」ではなく「欲求」にフォーカスし、どんなレベルの社員、人間的発達度に関係なく機能するものです。

　これは、コンセプトとして完成度が高く、導入後、1週間で次々と問題報告がされるようになりました。悪い報告は、会社にとって良い報告です。

　社員に報告を強制しても、「報酬」と「承認・感謝」がもらえる仕組みであれば、それに反対する人は誰もいません。
　効果と比較すれば、会社が負担する報酬金は、たかが知れた金額です。

　業務が遅れている、ミスをした、マニュアルが整備されてなかった等、気づいた問題点をとにかく社員には挙げてもらいました。

　結果として、当社では、全世界から毎日100件以上の「悪い報告」が上がるようになりました。

　これまで失敗してきた、管理ツールの運用についても、SCADを活用しています。

営業件数や、製造のリードタイムといった管理指標も、KGI・KPIとして設定して、これもSCADで週2回報告するようにしました。

　数値が未達であれば、その原因をさらに深掘りして、行動変化を促すことにもつながりました。

　そして、**「お客様から質問をいただく」こともクレームの一種**として捉えるようにしました。
　我々の業界では、顧問先からの質問に回答することで報酬をいただいているという認識で働いている人も多くいます。

　しかし、こちらが先に説明しておけば、顧客は当社に質問しなくても済むと考えると、質問をされるのは当社の説明が十分ではなかったという「クレーム」として認識することができます。

　これを改善し、顧客に先回りして説明することで、顧客に余計な手間をかけさせないという価値を与えることができます。

　また、当社の社員のほとんどが新卒採用で入社しています。
　何も社会を経験していない新卒だからこそ感じる疑問や、社内の非効率だと感じる部分も積極的にシェアしてもらうようにしました。

　それにより、マニュアルの改訂作業や無駄な業務の廃止などが進むようになりました。

（2）制度やルールだけでは何も変わらない － ルールの棚卸し －

　業務の属人化をさせないためにマニュアル化し、ミスやクレームが発生したら、すぐに報告させるなどのルールを設定しても、**ルールが守られなければ問題は解消されません。**

　ルールは、問題が起きるたびに増加する傾向がありますが、**一定の飽和点に到達した瞬間から「守れないルール」**が発生します。

ルールを増やすことは簡単ですが、なくすことは、社長にしかできません。

しかし、社長がルールを廃止するためには、現場に降りてルールの徹底状況を知る必要がありますが、**企業規模が大きくなってくると、このような「現場主義」ができなくなります。**

結果として守れないルールはどんどん増えていき、新しいルールを作っても結局、守れません。

そこで、SCADを通じて、現場の社員から下記の内容の改善提案を出してもらいました。
「現状、守れていないルール」
「守りにくいルール」
「既に状況が変わって陳腐化しているルール」

ルールは、「守れるように変更するか」、「廃止するか」のどちらかを行い、残ったルールは全て守れるようにしました。

そして、社員の責任は、次の2つになりました。
①悪い問題が起きれば、すぐに報告する**報告責任**
②ルールを絶対に守る**遵守責任**

ルールを守っている限り発生する問題は、「全てシステムエラー」ということを誰もが納得できるものとなりました。

上記の条件を満たしている限り、全ての問題は、ヒューマンエラーではなく、システムエラーなのです。ただし、ルールを守らなければ、ヒューマンエラーとして見なされます。

問題が起きれば、会社の「システムそのものを変更する責任」が社員に発生し、結果としてこれが**「カイゼン」**につながるのです。

そして、**全員経営でカイゼンする文化形成**ができ上がったのです。

（3）ボトムアップアプローチとトップダウンアプローチ

SCADは、基本的には**「ボトムアップアプローチ」**ですが、これだけでは十分とはいえません。

ボトムアップは、トップダウンを補完するもので、**経営はあくまで「トップダウンアプローチ」**が重要です。

具体的には、経営理念・ビジョンや組織目標を設定し、目標達成のボトルネックとなる本質的な問題は何かを考えていくことが、経営者やマネージャーの重要な仕事です。

このトップダウンについても、当社では様々な取り組みを行ってきました。
2012年、全世界に拠点が広がり、国際事業を成長軌道に乗せるためには、マネジメントの強化がカギであると私は考えていました。

同時に、私が全社を管理する状態から、幹部を中心にしたマネジメントの仕組みを作っていくことも、経営の承継を行うプロセスとして必要だと認識していました。

そこでこの年の12月に、「シニア会議」という幹部会議をスタートさせました。
月1回温泉旅館に幹部で泊まり込み、各拠点をオンラインでつないで、現状の成果や課題などを発表してもらうようにしました。

この会議はいわゆる**「戦略会議」**の位置付けで、トップマネジメントを私以外の社員でもできるようにしたかったのです。
これにより事業承継を成功させようと考えていましたが、実際には失敗に終わりました。

私の代わりに、幹部メンバーが各発表に対してコメントやディスカッションをしてくれることを期待していましたが、参加者は自分の担当の発表をするのみ。

　参加者は、部門長の発表を聞いているだけの状態に陥り、さらには、**自分の発表の順番が回ってくるまでは、その場にいても会議に実質参加せず、黙々とパソコンで作業をしている**始末でした。

　結果的に、**会議の大半が、私が皆に延々と指摘し続けている状態**となり、わざわざ時間とコストをかけて泊まり込んで行う意義が薄れてしまいました。

　私が口を出すのを我慢して、幹部が主体的に会議に参加して発言することを促すように努力もしてみました。

　しかし、私と同じ視点でメンバーが発言してくれることはほとんどなく、「戦略会議」としての本質からずれた議論が延々と続くこともあり、これを続けても意味はないと思い、泊まり込みの戦略会議をやめることにしました。

　シニア会議に参加していたメンバーの多くは、当社が急成長していたタイミングで入社した古参メンバーであり、プレイヤーとしてはいずれも優秀でした。

　しかし、自分が作業を行うことは得意であっても、部下に仕事を降ろして仕組みを作り、管理を行い、戦略を考え、組織に変化を起こすことができませんでした。

　それでも、TM・MMの仕組み作りを諦めたわけではありません。
　月1回という会議では、頻度が少なくて効果がないと考え、**毎日マネジメントを考える場**を設ければ良いのではないかと私は考えました。

　2022年のコロナ禍の時期に、海外の拠点長から提案があり、各国メン

バー間のコミュニケーションの活性化を図ろうと、「オンライン飲み会」を定期的に開催していました。

　この中身を発展的に変更し、**毎日、日本時間夜21時から、シニア会議メンバー、部門長、海外の拠点長が参加して「夜会」**をスタートさせました。

　夜会では、毎日事前に予定したいくつかの部門・拠点から発表を行い、それに対してフィードバックやアドバイスなどを参加者が行うというスタイルで進めました。

　シニア会メンバーだけでなく、海外拠点長も参加して、売上をどう上げるか、仕事のスピードやクオリティをどう高めるかなどを議論しました。

　実際に海外拠点のマネジメントを実践してきたメンバーが入ることで、シニア会議メンバーだけでは実現できなかった「管理」のレベルの底上げが少しは改善されました。

　発表の中身もフォーマット化し、またミドルマネジメント指標であるKGI／KPIやそれをどう達成していくのかのアクションプランも発表内容に盛り込みました。

　さらには、遅々として進まなかったマニュアル作成もこの会議でプロジェクトとして進捗管理をしていくことにしました。

　では、この会議で、どの程度の変化があったのかといえば、「やらないよりはかなりマシにはなった」と思いますが、会議に関わる時間コストがあまりにもかかり過ぎていました。

　SCADを導入してからは、参加者を幹部メンバー10人程度に絞り込み、平日は現在も毎日、会議をしています。

　当社の管理レベルでは、世界に広がった組織を統制することは本当に大変なことです。

　SCADは、**「全員経営」**のコンセプトなので、この運用をしっかり行っ

ていけば、トップダウンのアプローチも効果的になりました。

夜会に参加する人を絞り込んだので、代わりに、日報（Daily Report）という形でKGI／KPIの進捗や発生した問題、SCADで社員からの提案事項、改善内容などを報告させるようにしました。

さらに、毎週、週報（Weekly Report）で、中長期的な戦略や事業計画の進捗などを提出してもらう形へと変化させました。

現在、夜会はタイとインドネシアの各拠点長とシニア会議メンバー中心に行い、部門長や拠点長は週1回の発表だけ参加してもらうスタイルにし、随時、当社の経営上のテーマを議題に設定しながら運営しています。

このトップダウンの会議では、「イノベーション型」の改善提案がなされることが参加者に期待されています。

実際、タイ拠点長が、SCADのIT化のための開発、クロスボーダー M＆A等を提案、実践してくれて、新事業としてスタートしています。

つまり、起業家クワドラントでいう「企業家」の役割を果たしてくれました。

（4）全世界レベルでの成果
全世界レベルでのSCADの導入によって、社内の生産性アップ、売上・利益の向上が実現できました。

財務上の数値では、3年6カ月で下記のように変化しました。

	2020年末	2024年6月（年計）
売上	13.6億円	18.1億円
経常利益	1.5億円	5.3億円
売上高経常利益率	11.4%	29.2%
労働分配率	70.9%	54.2%
純キャッシュ残	17.8億円	34.8億円
マニュアル数	300件	5,500件

　売上に関しては、派遣事業の撤退からコンサル事業への移行期で、大きな成長はありませんでした。

　しかし、高付加価値型のビジネスモデルに転換した結果、労働生産性が大きく向上し、平均賃金が上昇したにもかかわらず、労働分配率は減少しました。

　純キャッシュ残高の増加は、利益額の増加だけでなく、円安の影響を受けて海外子会社が保有する外貨建預金の評価額の円換算が大きくなったことも影響しています。

　また、かつては遅々として進まなかったマニュアルの作成もSCADによって全員が意識して取り組むことができるようになりました。
　導入当初は2016年〜2017年の間に300件ほどしか作成されず、そのまま放置されていました。

　しかし、改めて2023年から全世界でマニュアル作成のプロジェクト化を行い2024年6月末時点で、約5,500件のマニュアルが社内で作成され、継続的にアップデートもされています。

コラム　より遠く、より広く、より多く

トップダウンの会議で考えるべきことは何か？

自部門のことのみ考えていれば、他の部門長等の話に関心が持てなくなります。

少なくとも部門長になれば、常に、社長のポジションで考えることが重要です。

私が最初に監査法人に就職した時、「自分がこの組織のトップだったら……」を常に考えていました。

結局、現在、私が行っていることはその時、考えていた「会計事務所とコンサル会社の融合」です。

私が20代の時は、「今、何をするべきか？」を問いかけていました。

しかし、現在、私は、次のことをいつも考えています。
「50年後、どのようになっていたいのか？」
「より広域的に世界展開するためには何が必要か？」
「より多くの人に当社のサービスを使ってもらうためには何が必要か？」

より遠くを見つめ、より広い地域を考え、より多くの人のニーズを考えると、会社の課題、戦略、新しいサービスが見えてきます。

結局、思考の方向性が外に向かわず、自分のことしか考えていないと、何のアイデアも浮かんできません。

自分が現在、うまくいっているか否かは「結果」に過ぎず、結果だけを見れば苦しくなってきます。

考えるべきは「結果」ではなく「原因」です。

第五章

ミドルマネジメントの
「仕組み化」

01.

起業家クワドラント
－「標準化」から「省人化」へ－

　ロワーマネジメントの「仕組み化」を通じて、サービスの「品質」や「生産性」が高まり、「ボトムアップ経営」が実現できるようになりました。

　一方で、ロワーマネジメントのレベルを引き上げるためには、**トップダウンアプローチ**も重要となります。
　トップダウンとボトムアップの相乗効果によって、「カイゼン」のスピードと効果が増します。

　ここでは、ミドルマネジメントの「仕組み化」について考えていきます。

　ミドルマネジメント（MM）が、ロワーマネジメント（LM）に対して行うトップダウンアプローチは、「利益率」、「成長率」といった**財務的指標（KGI: 重要目標達成指標）**や顧客訪問件数、見積書提出件数、作業時間数などの**非財務的指標（KPI: 重要行動指標）**をコントロールするものです。

このような指標の中でも**「最もボトルネックになっていることは何か」**について**仮説**を立て、その部分に**集中**してアプローチをすることが大切です。

　LMは、発生している問題にフォーカスし、問題の横展開や一般化を行うため**帰納法的アプローチ**です。
　MMは、体系化された理論から仮説を用いて個別の問題に取り組む方が効果的なので、**演繹的アプローチ**といえます。

■ 図5-1　起業家クワドラント

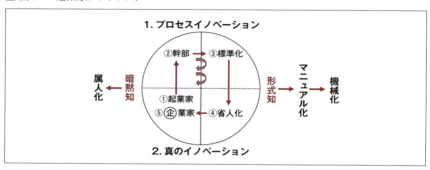

　クワドラントの図表で考えると、**「標準化」から「省人化」への移行**をテーマにし、生産性、収益性を継続的に上げることがMMの重要な役割となります。

　多くの会社にとって、同業他社よりも**「生産性」**を上げることができれば、競合より高い「利益率」を実現できるようになります。
　「標準化」とは、生産性を上げるための手段であり、その**実践を通じて実際に生産性が上がっていく状態を「省人化」**と定義しました。

　高い利益を上げることができれば、社員の給料も高められ、結果として、優秀な人材を採用することができます。

　SCADを通じた改善、承認、全員経営のプロセスを通じて、**離職率の**

低下、品質向上が進めば、さらに生産性が高まる好循環を生みます。

このスパイラル成長ができると、競合他社には簡単に負けなくなります。

「省人化」のステージに達すると企業は、中小企業から抜け出し、大企業になる準備が整います。

「中小企業だからできないのではなく、できてないから中小企業」なのです。

このステージをやり抜いた企業が「大企業」になったに過ぎません。

しかしながら、LMだけで「省人化」を進めていくのには限界があります。

なぜなら、生産性向上のためには、業務プロセスを大幅に変更する必要があります。

場合によっては、1つの工程そのものを、アウトソーシングする可能性もあります。

このような提案は、「現場の社員が自らの存在を不要にすること」であり、このような提案を社員から期待するのは無理があります。

そこで、経営をより高いところから俯瞰し、構造的に生産性を高めるためのMMの役割が重要となります。

02.

ミドルマネジメントを機能させる方法

起業家クワドラントの「省人化」まで駆け抜けるためには、MMが正しく役割を果たすことがポイントになります。

MMの役割は、2つあります。

第1は、会社を変えていくための戦略提案をTMに行うことで、経営者の意思決定をサポートすることです。

■ 図5-2　ミドルマネジメントの役割（TMLの図）

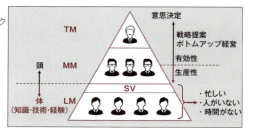

　第2は、LMに対して、**生産性を高めるために業務を標準化**させ、**マニュアル化**し、知識・技術・経験の乏しい人間でも早く仕事ができるようにさせることです。

　LMは仕事を受注し、生産・納品し、代金を回収するサイクルを繰り返すのが仕事となります。
　しかし、MMはこのサイクルの生産性を向上させる設計をし、実行させる必要があります。

　期間の短縮は、資産回転率を高くすることに通じます。
　資産回転率は、経営分析でよく用いられる分析手法です。これは資産効率を示す指標です。
　例えば、同じ人数と取引量で、期間を半分に短縮できれば、元の期間で二度同じサイクルが回せる（＝回転率が2倍になる）ため、売上や利益は2倍になります。
　これにより、1人当たりの生産性も向上することになります。

　これらの数字の傾向を時系列に把握し、継続的に変化させ続けることが、MMの役割です。
　「始まりがあって、終わりがある」というLMの仕事と大きく異なり、**「始まりも終わりもない」**仕事なのです。

03.

ミドルマネジメント指標の考え方
− KGIとKPI −

ミドルマネジメントの役割を実現していくために、**KGIとKPI**という指標を用います。

私が考えた**「価値循環モデル」**で詳しく見ていきます。
このモデルについては、拙著『お金の戦略』（TCG出版）で詳しく解説しています。

■ 図5-3　価値循環モデル

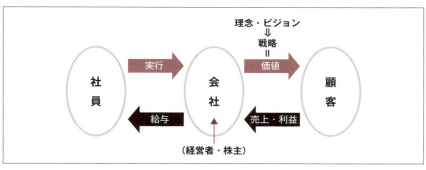

「価値循環モデル」では、**与える価値と得られる結果が等価交換**の関係にあると考えています。
与えることが**「原因」**で、目的として設定するべきものです。

会社にとっての売上や利益、社員にとっての給与など得られるものは**「結果」**であり、**与えた価値の測定道具**と考えています。
これは、価値循環により、企業が成長していく**動的**なコンセプトです。

・右上の矢印は、どのような価値を提供するか、すなわち**「戦略」**の設定につながります。

- 左上の矢印はそれをどう「**実行**」するかにリンクします。
- 右下の矢印は、その成果として「**売上や利益**」といった財務の「**結果**」につながります。

この因果関係をもとに、**定量目標、予算**から財務的目標値をブレークダウンして**KGI**を設定します。

これらの**目標を達成するための手段が「戦略」**となり、戦略を「**実行**」**するための検証可能な行動をKPI**としてコントロールします。

KGIは、結果指標のため、モニタリングはできても、それ自体を直接コントロールすることはできません。KGIの達成率をモニタリングするのは、その原因となる**KPIを改善**（コントロール）するためです。

通常、**KGIは、財務指標であり、月次決算でモニタリング**されます。
月次決算は早いほど、KGIが早く最新の情報に変えられるため、**月次決算のスピード**が重要になります。

KPIは、結果に対する原因指標であり、自身の行動そのものになるので、直接コントロールできます。
社員の行動に結びつくもので、行動の変化が測定可能な非財務指標として設定されます。

■ 図5-4　財務とリンク KGI

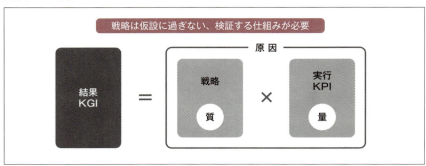

「結果」としてのKGI、「原因」としての戦略及びKPIは、図5-4のような関係で表せます。

戦略は、KPIを100％実行することによってKGIが達成されるであろうという**「仮説」**に過ぎません。
戦略の有効性は、KPIが実行されて初めて検証が可能になります。

戦略の有効性を検証するためには、次の2つの条件が必要になります。

❶当初の予定通りにKPIが実行されること
❷KGIを達成されること

戦略が実行されない限り、その有効性は検証できないため、KPIの実行度の検証が重要になります。

04.

ミドルマネジメントと「標準化」

KGIやKPIの管理を**「標準化」**という観点で考えてみます。

標準化とは誰がやっても同じ成果が出る、同じ結果になる手法です。
個人能力や手法の差によって、成果に差が出る状態であれば、組織として業務が標準化されていないと考えられます。

この場合、チームや組織のレベルで**「KGI＝戦略レベル×KPI」**の考え方が適用できません。

例えば、営業チーム5人で、月に50件の新規営業件数をKPIとして設定していたとして、同じ50件を達成した月でも個人成果（成約数や売上高）に大きな差が生じます。

「標準化」とは、最も成果が出ている人をベンチマークし、この手法を一般化して、誰でも**ハイパフォーマー**になるようにする考え方です。

「平均」概念ではありません。

個人の成果に大きく差が出るのは、5人それぞれが個人商店化していて、個人の能力に依存している可能性があります。

成功事例の共有やノウハウの共有、マニュアル化、ロールプレーイング等による研修がなければ、組織は、個人の能力に依存します。

営業を「センス」と定義すれば、暗黙知であり個人の格差が発生するのは当然です。

営業を「科学」と定義すれば、形式知として「標準化」の対象になります。

どちらが真実かは、経営者の考え方次第です。

「センス」とすると教育は不可能です。

私は、「科学」と考えて、営業をスクリプト化して、徹底してプレゼン練習をさせました。

これを行った結果、個人に営業を任せていた時より、10倍くらいに成果が増加しました。

「標準化」が進んでいない中小企業は、構造的に**管理者がLMのスーパーバイザー（SV）の業務**に入り、構造的にMMが弱くなる傾向があります。

これが、中小企業で管理者が育たない1つの理由と考えられます。

05.
KGIとKPIをリンクさせる「ROA経営」

■ 図5-5　ROA展開図

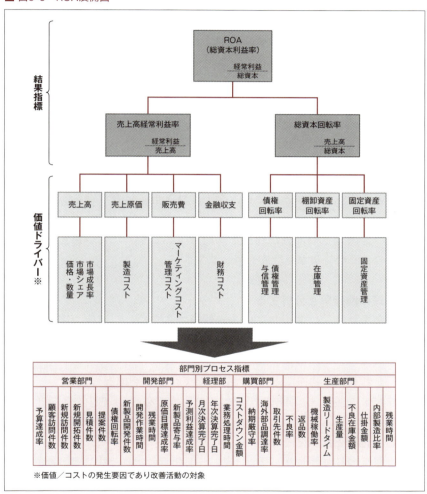

出所：『あなたの会社を永続させる方法』／久野康成著（あさ出版）

　財務目標指標（KGI）と、それを達成するための行動指標（KPI）を体

系的にブレークダウンしたものが「ROA展開図」になります。

ROAは、**総資産利益率（Return on Asset）**を意味し、損益計算書の利益と貸借対照表の資産の2つを使って資産効率を測る検証道具で、**経営全体の効率性**を表すことができます。

「ROA展開図」では、**原因（行動指標）と結果（財務指標）の関係**を明確にしているところが特徴です。

ROAを細分化して分析し、それぞれが会社の全体的なROAにどのように影響を与えているかを通して課題を抽出します。

ROAは「経常利益÷総資産」で計算されるため、資産と利益の要素を下記のステップで分析し、具体的なアクションプランを策定することができます。

（1）収益性を分析する

利益の目標を達成するために、売上やコスト、経費などを詳細に分析します。

収益の源泉やどの部分が利益を抑制しているか、また収益を増やすためにどのような施策が有効かを考えます。

（2）資産の回転率を分析する

総資産を効率的に使用しているか理解するために、資産の種類やその使われ方を調べます。

例えば、不動産、設備、在庫、キャッシュなどの各資産の利用状況を調べ、それぞれが利益にどの程度寄与しているかを把握します。

（1）、（2）を通じて、財務指標としての目標である**「KGI」**を設定します。

（3）競合他社と比較する

他の同業他社や業界平均と比較し、ROAが低い場合は、その要因を分析します。

自社が他社と比較してどの領域で弱点があるのかを特定し、改善の余地を考えます。

（4）課題の優先順位付けをする

　上記の分析の結果をもとに、最も影響力のある要因や改善すべき事項に優先順位をつけます。

　特定の資産の無駄な使用や特定の部門の収益性の問題など、ボトルネックを特定することが重要です。

（5）アクションプランを策定する

　特定されたボトルネックを改善するための具体的な**アクションプラン**を策定します。

　策定したアクションプランをいつまでにどれくらい実行するのかを数値化します。これを**「KPI」**として設定します。

　上記の順番を見ると、**財務指標（KGI）から、非財務指標（KPI）の設定**につながります。

　これは、ボトルネックの抽出と改善するための行動計画になります。

　ここで1つ問題があります。

　ROAの指標を良くする目標だけで行動変化を起こせば、**既存事業の生産性**を上げることは可能です。

　しかし、企業は、中長期事業計画を達成するため、**「真のイノベーション」（新規事業）**も行う必要があります。

　ただし、**新規事業を実行すると、ROAの財務の指標は、悪くなる**のです。

　新規事業等は、最初は**赤字からスタート**するためです。

　効率性だけを追求した経営は、イノベーションを遅らせる可能性があります。

　これがROAを経営指標として使う時の欠点となります。

　「ROA経営」は、財務指標を改善することが主な目的となるため、**「プロセスイノベーション」**には活用できます。

　しかし、**「真のイノベーション」**の実現を考えていく上では適さないという難点があります。

新しい事業の立ち上げ時期は、利益が出ず、投資先行となるので、財務指標は悪化します。

これを恐れれば、イノベーションは起きません。これが「大企業病」の本質です。

真のイノベーションを起こすアクションプランは、ROAのような指標管理とは別に企画する必要があります。

これが、次章で検討するトップマネジメントの「仕組み化」です。

コラム 完了ではなく変化を仕事とする

人による仕事のやり方は、ある種の習慣や癖のようなものです。

期限ギリギリにならないと、やる気が出てこない人。
ただし、仕事をスタートすると集中力を発揮して一気に仕上げる人。
私のように、ギリギリになって焦るのが嫌だから、とにかく早く仕事を終わらせたくなる人。

このような仕事のやり方は、長年の経験で染みついたものなので簡単には変えられません。
そして、この変えられないことによって困ることが、LMからMMに昇進した時に起きます。

LMの仕事は、「仕事を完了させることであり、終わりがある」。
MMの仕事は、「仕事を変化させることであり、終わりがない」。

終わりのある仕事に長年親しんでくると、仕事は、終わりのあるものの連続となり、いつしか仕事に追われるようになります。
この世界観の中で仕事をしてきた人は、上に立つほど「忙しい」と感じるようになります。

経営とは、「終わりのない世界」です。

この世界観では、1人で「24時間営業」を毎日続けることになります。
これを労働と思う人は苦しいかもしれません。

松下幸之助氏は、「苦労を楽しめなければ、経営者には向いていない」
と言いました。
私は経営者の仕事は「365日、有給休暇」であり、経営を楽しむこと
が重要と自分に言い聞かせているうちに、どんなに辛いことが起きても
「試練」と考え、楽しめるようになりました。

経営を行うことが「苦しい」と感じるなら、「終わりのある世界観」か
ら抜け出せていないことが原因なのでしょう。
仏教でも説かれているように、「終わりのない世界観」では、全てから
解放されるのです。

第五章

ミドルマネジメントの「仕組み化」

229

第六章

トップマネジメントの「仕組み化」

　本章では、最後の仕上げであるトップマネジメントの「仕組み化」について考えます。

　起業家クワドラントの図（P218）で、右側の標準化や省人化のフェーズに入ると、業務が均一化され、品質が向上し、生産性も高まり、少ない人数で大きな付加価値を生み出すことができる状態になります。

　しかし、**「うまくいっている」と思った瞬間から、衰退**がはじまるのが企業です。

　経営環境というのは常に変化し続けます。
　「標準化」を進めたとしても、今度はその事業自体を顧客や社会のニーズに合わせて見直していかなければ、**企業の成長はいずれ頭打ちし、成熟期、衰退期**に入ってしまいます。

　経営者や経営幹部が、いかにこの**「サクセス・トラップ」**から抜け出し、永続的に成長する企業になれるかをテーマにしています。

　私が強く影響を受けた書籍の1つである**『両利きの経営』**（スタンフォード大学経営大学院教授チャールズ・A・オライリー等）のコンセプトを引用しながら説明していきます。

01.
「両利きの経営」
- 2つのイノベーション -

■ 図6-1　企業のライフサイクル

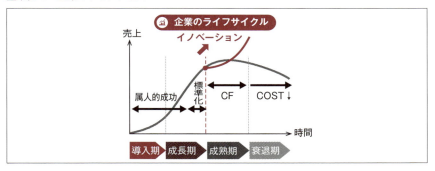

　第一章の冒頭で紹介したライフサイクル図（P22）をもう一度ここで見てみましょう。
　ライフサイクルの変化は、自社を取り巻く環境の変化も大きく影響します。

　近年では、経営環境の変化スピードは以前にも増して速くなっています。**Volatility（変動性）、Uncertainty（不確実性）、Complexity（複雑性）、Ambiguity（曖昧性）**の頭文字をとって、「**VUCAの時代**」とも言われます。

　このような状況では、事業が陳腐化するスピードも速くなります。
　これに対応するためには、「**真のイノベーション**」**を成長期の最後ではなく、「成長期の半ば」**から起こす発想も必要です。
　さらに、自社のメイン事業がいつ成熟期・衰退期になるかも想定できません。

　成長期の後半からイノベーションを始める場合、環境変化が速く、イノベーションを起こすには時間がかかりすぎて、間に合わなくなる可能

性があります。

　経営環境の激変は、予想を超えて、自社のメイン製品・サービスが陳腐化し、事業が衰退するかもしれません。

　気づいた時にイノベーションを起こそうとしても、**「時既に遅し」**となるのです。

　この考え方を起業家クワドラントで考えると、**既存事業の「標準化」（プロセスイノベーション）** を進めるのと同時に、**新規事業の立ち上げ（真のイノベーション）を行う**ということです。

　これが**「両利きの経営」**の考え方です。

■ 図6-2　両利きの経営

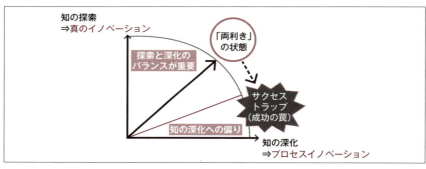

出所：『両利きの経営（増補改訂版）「二兎を追う」戦略が未来を切り拓く』／チャールズ・A・オライリー等著（東洋経済新報社）一部修正

・既存ビジネスはより効率化を目指し生産性を高めていくこと**（深化）**
・自社をさらに成長させる新規事業を企画すること**（探索）**
この2つを同時にすることが「両利きの経営」です。

　自社の既存事業を「深化」させることの方が一般的には楽なことです。
　過去の成功体験にしがみつく**「サクセス・トラップ」** にハマって、企業は**イノベーション（探索）を怠る可能性**があります。

　現業がどんなに成長しても、次のイノベーションについて考えること

を経営者は怠ってはいけません。

02.
真のイノベーションと企業家精神

■ 図6-3　真のイノベーションと企業家精神

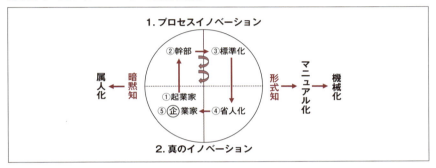

「標準化」、「省人化」は、「両利きの経営」では**「深化」**と表現されており、現業を対象にしたものです。

しかし、どんなに現業の戦略が良かったとしても、有効性が永遠に続くわけではなく、**全ての事業は陳腐化**します。
現業のみにこだわっていては、**企業はやがて「衰退期」**を迎えます。

それを避けるため、「両利きの経営」では、**「探索」**と表現される「真のイノベーション」を常に行うことが推奨されています。
これを行うためには、企業の中で特定の個人が**「企業家精神」**を持っていることが必要になります。

真のイノベーションとは、成功体験である形式知の世界（クワドラント右側）から再び暗黙知の世界（クワドラント左側）に入ることを意味します。

ここでのポイントは①「起業家」ではなく、⑤「企業家」になることです。

「起業家」には創業者しかなれませんが、「企業家」には誰でもなれます。
代表取締役になるのも、自分で会社を作って登記すれば誰でもなれます。

しかし、企業家になるためには、**「企業家精神」**と**「イノベーション」**が必要になります。
イノベーションを起こした人間だけが、経営者ではなく**「企業家」**になれるのです。

「起業家」の時代と同じように、新規事業を立ち上げた後は、「幹部」に任せて事業を成長させ、「標準化」・「省人化」を目指してプロセスイノベーションを行い、また次に「企業家」として真のイノベーションを行います。

このスパイラルが、企業の成長の本質です。

03.

トップマネジメントをボトムアップで行う

今の事業だけにとらわれるのではなく、**「探索」**を続け、企業家精神を**持って、「真のイノベーション」**という新たな挑戦に向かっていくこと。

この実践が**トップマネジメントの「仕組み化」**において重要となります。

では、どのように企業家精神を育み、「真のイノベーション」を巻き起こすことができるのでしょうか。

真のイノベーションのポイントは、**「誰かのアイデア」**から始まることです。

多くの場合、経営者自身が真のイノベーションに関わっています。

特に、創業者は、アイデアマンであることが多く、**イノベーション**は、完全に「**属人化**」します。

企業は、イノベーションなくして長期的には成長できません。
しかし、最も重要なイノベーションを経営者に依存することは、構造的な問題です。

アイデアマンの経営者は、「これが自分の存在意義である」と誤った認識を持ち、結局、代替わりする段階で、企業が衰退期を迎え、事業承継に失敗します。

この問題の解決策は、**トップマネジメントを「ボトムアップ」で行う**ことです。

トップダウン経営は、トップの強烈なリーダーシップで機能しますが、**ボトムアップと組み合わせることで、初めて「仕組み化」されます。**

リーダーシップは、個人の特性に依存するため、再現性が低いですが、**「仕組み化」は、マネジメントの領域なので再現可能**です。

経営はトップダウンが原則ですが、ボトムアップで補完できるようになると、トップマネジメントがより強固なものになります。

新しいイノベーションのアイデアを考えるのは、「幹部」の役割と定義し、継続的に提案する場を設けることです。

この有名な事例がリクルートで長年行っているRing（Recruit Innovation Group: 新規事業提案制度）です。

当社もこれに倣って年に2回の社員研修旅行でグループ発表会を行って

235

います。

これをKing（Kuno Innovation Group）と呼んでいましたが、近年、名称が「イノラボ（Innovation Laboratory）」に変更されました。

イノベーションの種というのは、常に考え続けることでしか生まれません。

経営者は、四六時中、「もっとこうすれば売上が上がるのではないか」という事業機会を常に考えています。

これを「仕組み化」するためには、経営者だけが思考し続けている状態から脱却しなければなりません。

そのためには、社員が考えて提案するという場を意識的に作り出す「仕組み」が必要になります。

当社では、**幹部によって中期事業計画を定期的にアップデート**し、半年に一度、社員に対して発表会を行っています。

長期思考を持つトレーニングが重要です。

04.

戦略会議と進捗会議

（1）戦略会議

第五章で紹介した「ROA展開図」は、既存事業には有効ですが、真のイノベーションを促すことには使えません。

そこで、私は「両利きの経営」でいう**「深化」**と**「探索」**の2つを実行するために、**「2つの会議体」**を立ち上げました。

「戦略会議」と「進捗会議」です。

戦略会議は、真のイノベーションを「**探索**」するための会議です。

　進捗会議は、既存事業の「**深化**」にフォーカスし、プロジェクトの進捗管理、KGI・KPIの管理を中心に行います。

　戦略会議の中で、中期事業計画書を作り、月次で検証します。

　戦略は仮説にすぎないため、定期的な見直しが必要です。

　中期事業計画の見直しは、この戦略会議で半年に一度行います。

　「一度決めた計画は、簡単に修正すべきではない」と考える人もいますが、私は、経営環境の不確実性を考えれば、柔軟性の方を重視しています。

　「**朝令暮改を良し**」としなければ、自ら作った計画で自分自身が苦しむことになります。

　「計画が変わると、社員が本気で実行しない」のではないかと考える人もいますが、本気で実行するか否かは、**目標設定の問題ではなく、プロセス管理**の問題です。

　中期事業計画を前提として、**2カ年予算の久野式八マス計画書**を作り、月次で予実分析を行います。（拙著：『中小企業のための戦略策定ノート』参照）

　ここではアクションプランの作成は行いますが、このチェックは週次の「**進捗会議**」で行います。

　結果未達の原因は、戦略の問題か、実行の問題かを明らかにする必要があります。

　実行の問題は、ロワーマネジメントの問題ですが、**実行しても成果が出ないのであれば、戦略の修正**が必要になります。

　戦略の修正は、重要な意思決定なので、ミドルマネジメント以上が関わる必要があります。

（2）進捗会議

　アクションプランは、**検証可能な「KPI」**として戦略会議で設定しますが、その検証は**週次での「進捗会議」**で行います。

　また、第三章で扱った**SCADとKPI**をリンクさせて、ロワーマネジメントの改善状況の進捗もここでモニタリングします。

　結果の検証と異なり、**行動の検証**は、想定外の仕事などで計画通りに実行できないことが発生するため、**頻度を多くする**必要があります。
　頻度を多くすることによって、**修正行動計画**が作られ、**PDCAが高速で回転**できるようになります。

　進捗会議は週に**1回30分**（オンラインも可）で行うことをお勧めします。**古い習慣を変えるには、高頻度**での検証が必要です。

　成果（KGI）の検証は、戦略会議で行い、行動（KPI）の検証を進捗会議で行います。
　成果は結果であり、これを直接変化させることはできません。
　行動の変化が結果を変える原因となります。

　仮に、行動を変化させることなく、良い結果が出ているなら、内部要因ではなく、外部要因が良かったに過ぎません。

　変化させるべき重要な対象は、**ボトルネックとなるKPI**です。

　「成果に大きく影響を与えるKPIが何か」にフォーカスし、それを徹底的に変化させることが効果的です。

　最低でも3カ月間、その変化を追いかけ、少しでも成果が出れば、**「成功体験」**となります。
　社員が成功体験を積み重ねれば、行動に**「自信」**が付き、変化を受け入れ行動できるようになります。

ただし、ボトルネックとして当たりを付けたKPIはあくまでも仮説です。

3カ月実行した後、戦略会議においてKGIや予算達成度などの成果と照らし合わせ、KPIを設定し直すことも必要です。

進捗会議は、新たな習慣を身につけることも目的の1つです。
「3カ月間」、徹底することで古い習慣が新しい習慣に塗り替えられます。

コラム　多角化か、選択と集中か
- 目指すべき経営とは何か？

経営は、「多角化」が良いのか、それとも「選択と集中」が良いのか？

「両利きの経営」は、基本的には、**「多角化」を推奨**するコンセプトにつながります。

ただし、多角化は、経営資源が分散化する欠点があります。

私は、**経営の基本は、「選択と集中」**であるべきと思います。

これで圧倒的に差別化し、**「特定の分野で世界一」**を目指すことが経営の基本スタンスです。

しかし、長期的に考えると、**大きな技術革新で既存事業が構造的に陳腐化**する恐れがあります。

選択と集中の最大のリスクは、このような経営環境の変化に対応できるかにあります。

私自身、32歳で独立後、営業コンサル、財務コンサル、経理スタッフ派遣、国際事業と主軸を移しながら経営環境の変化に対応してきました。

変化せざるをえなかったのは、圧倒的な強みで市場を席巻できるような事業を構築できなかったためです。

いわば、独立以来、ずっと手探りで経営をしてきました。

圧倒的に有効な戦略も見つけることができなかったため、事業をシフトし続けるしか方法がなかったのです。

　私が考える望ましい経営は、特定の分野で大きなシェアを取り、「金のなる木」の事業を育てることです。
　ただし、企業は成功するほど、単一事業に偏っていきます。

　これが長期的に考えると大きなリスクにつながります。

　大きな経営問題は、自分が想定する以上のスピードで環境が変化することです。
　これが経営の中で一番怖いことです。

　これに対応する唯一の方法が、既存事業で収益が出ている間に、新しい何かを企画することです。

　これが、「両利きの経営」の意義になります。

　確かに「選択と集中」と比較すれば、経営資源は分散化しますが、長期的な安全性を考えれば、平時の時にこそ、有事に備える必要があるのです。

エピローグ

権限委譲しても「ボトムアップ経営」は作れない

　私は、「トップダウン経営」よりも、「ボトムアップ経営」の方が圧倒的に優位性は高いと思っています。

　一般に、ボトムアップ経営は、社員への「権限委譲」によって行われると思われがちですが、権限委譲をすれば、ボトムアップ経営ができるわけではありません。

　もし、仕組みもなく、有能でもない社員に権限委譲すれば、どうなるでしょうか？
　会社は、崩壊するだけです。
　このような状態では、ボトムアップ経営は不可能なのです。

　本書でのテーマである「3つの仕組み化」は、ボトムアップ経営をするための条件です。
　社員が有能か否かも重要ではありません。
　社員が育つ「仕組み」があれば、この問題も解決するはずです。
　権限委譲は、ボトムアップ経営を行うための「条件」ではなく、「結果」に過ぎません。

　「中小企業」だからできないのではなく、「できない」から中小企業なのです。
　「忙しい」からできないのではなく、「仕組み化」していないから忙しいのです。

　このように我々は、「原因と結果」を履き違えることがよくあります。

しかしながら、ボトムアップ経営は、最初からできるわけではありません。

　私は、1998年に1人で起業し、「**一人親方**」として事業をスタートさせました。

　次に、大学生のアルバイトを雇って、自分とアシスタントという「**フラットな組織**」ができ上がりました。

　その後、アルバイトから初めて正社員になった社員に「主任」というタイトルを与えました。後輩からは、"主任"と呼ばれ揶揄されていたので、本人としてはこのタイトルに不本意のようでした。

　翌年、社員も一気に増えてきたので、彼を「社長」に昇格させ、私は、「会長」になりました。そして、フラットな組織ではなく、「**ヒエラルキー**」を作りました。

　軍隊や役所にあるように、「命令と制御」、「責任と権限」を明確にするためです。

　これは、『**法による統治**』といえます。秦の始皇帝が法家を登用して国をまとめた方法です。

　次に、「**経営理念**」を作り変えました。

　私が独立した当初の理念は、「最高のサービスを最高の顧客に提供すること」でしたが、サービスを提供する主体が、私から社員に移管されたので、書き換える必要がありました。

　そこで、「**より良いサービスをより多くの顧客に**」というコンセプトに変えました。

　「より良いサービス」とは、競合他社よりも良いという意味で、必ずしも最高である必要はないという意味です。

　「より多くの顧客」とは、英国の哲学者であるベンサムの「**最大多数の最大幸福**」という効用の最大化が社会貢献につながると考えました。

　私は、自分のために働くのではなく、「**顧客第一主義**」を信条とし、「**利**

他の心」の重要性を社員に強く訴えました。

「理念経営」により会社をまとめようと思ったのです。

会社が大きくなれば、「規律」だけでは、会社をまとめることはできなくなります。

孔子（儒家）が唱えた『徳による統治』に移行しました。

さらに、組織も拡大し、生産性・効率性を高める必要性が出てきました。

この時は、マネジメントを研究し、「事業計画書の作成」、「予算管理」、「目標管理」、「評価制度」、「KGI・KPI」、「PDCA」などを導入しました。

これは、『科学による統治』といえます。

また、海外展開も進み、進出国は20か国を超え、様々な人種、宗教の人が社員となり、「ダイバーシティ」が進みました。最初は、日本で行ってきた管理方法をそのまま各国に適用しましたが、離職率も高くなり、組織が有効に機能しているとは思えませんでした。

これを解消するためには、「仕組み化」を行うことが必須でした。

組織のロワーマネジメントを改革し、改善提案が下から上に来るようになりました。

これが本書で紹介した「SCAD」というコンセプトです。

この結果、ボトムアップ経営ができるようになりました。

これは、『社員による統治』といえるのではないでしょうか？

組織の管理の主体が経営者から社員になったのです。

マネジメントの主体が社員自身になれば、これが「ボトムアップ経営」なのです。

権限委譲の有無は、条件ではありません。

［ 参考文献 ］

◆ マルコム・グラッドウェル（著）、勝間和代（翻訳）『天才！成功する人々の法則』講談社、2009年
◆ 大野耐一『トヨタ生産方式――脱規模の経営をめざして』ダイヤモンド社、1978年
◆ 阿部修平『トヨタ「家元組織」革命 世界が学ぶ永続企業の「思想・技・所作」』リンクタイズ、2022年
◆ 野地秩嘉『トヨタ物語』新潮社、2021年
◆ 片山修『豊田章男』東洋経済新報社、2020年
◆ 大野耐一『トヨタ生産方式の原点』日本能率協会マネジメントセンター、2014年
◆ 野中郁次郎（著）、竹内弘高（著）、梅本勝博（翻訳）『知識創造企業（新装版）』東洋経済新報社、2020年
◆ 野中郁次郎（著）、竹内弘高（著）、黒輪篤嗣（翻訳）『ワイズカンパニー：知識創造から知識実践への新しいモデル』東洋経済新報社、2020年
◆ 大前研一『企業参謀』講談社、1985年
◆ 松田幸之助（著）、吉川充秀（編著）『ヤバい仕組み化』あさ出版、2023年
◆ クレイトン・クリステンセン（著）、伊豆原弓（翻訳）『イノベーションのジレンマ 増補改訂版：技術革新が巨大企業を滅ぼすとき』翔泳社、2001年
◆ チャールズ・A・オライリー（著）、マイケル・L・タッシュマン（著）、入山章栄（監訳）、冨山和彦（解説）、渡部典子（翻訳）『両利きの経営（増補改訂版）「二兎を追う」戦略が未来を切り拓く』東洋経済新報社、2022年
◆ サイモン・シネック（著）、栗木さつき（翻訳）『WHYから始めよ！インスパイア型リーダーはここが違う』日経BP、2012年

- 邸強（著）、燕珍宣、陳銘銘（インタビュー・編集）、牧髙光里（訳）『ERROR FREE 世界のトップ企業がこぞって採用したMIT博士のミスを減らす秘訣』文響社、2022年
- パディ・マッコード他（著）『NETFLIXの最強人事戦略 自由と責任の文化を築く』光文社、2018年
- 冨田和成『鬼速PDCA』クロスメディア・パブリッシング、2016年
- ジム・コリンズ他（著）『ビジョナリー・カンパニー 時代を超える生存の法則』日経BP、1995年
- ジム・コリンズ他（著）『ビジョナリー・カンパニー2 飛躍の法則』日経BP、2001年
- ジム・コリンズ他（著）『ビジョナリー・カンパニー 弾み車の法則』日経BP、2020年
- ジム・コリンズ他（著）『ビジョナリー・カンパニー ZERO ゼロから事業を生み出し、偉大で永続的な企業になる』日経BP、2021年
- S・R・コビー（著）『7つの習慣』キングベアー出版、1996年
- 久野康成『できる若者は3年で辞める! 伸びる会社はできる人よりネクストリーダーを育てる』出版文化社、2007年
- 久野康成『あなたの会社を永続させる方法 成長戦略〜事業承継の全て』あさ出版、2007年
- 久野康成『新卒から海外で働こう! グローバルリーダーを目指して』TCG出版、2013年
- 久野康成『国際ビジネス・海外赴任で成功するための賢者からの三つの教え 今始まる、あなたのヒーローズ・ジャーニー』TCG出版、2020年
- 久野康成『「大きな会社」ではなく「強い会社」を作る 中小企業のための戦略策定ノート』TCG出版、2022年
- 久野康成『創業26年 たった1人で始めた会計事務所が純キャッシュ31億円を貯めた仕組み お金の戦略』TCG出版、2024年

【著者プロフィール】

久野康成　くの・やすなり

久野康成公認会計士事務所　所長
株式会社東京コンサルティングファーム　代表取締役会長
東京税理士法人　統括代表社員
公認会計士　税理士

　1965年生まれ。愛知県出身。1989年滋賀大学経済学部卒業。1990年青山監査法人　プライスウオーターハウス（現・PwC Japan有限責任監査法人）入所。監査部門、中堅企業経営支援部門にて、主に株式公開コンサルティング業務にかかわる。

　クライアントの真のニーズは「成長をサポートすること」にあるという思いから監査法人での事業の限界を感じ、1998年久野康成公認会計士事務所を設立。営業コンサルティング、IPOコンサルティングを主に行う。

　現在、東京、横浜、名古屋、大阪、インド、中国、香港、タイ、インドネシア、ベトナム、メキシコほか世界26カ国にて経営コンサルティング、人事評価制度設計及び運用サポート、海外子会社設立支援、内部監査支援、連結決算早期化支援、M&Aコンサルティング、研修コンサルティング等幅広い業務を展開。グループ総社員数約360名。

　著書に『創業26年　たった1人で始めた会計事務所が純キャッシュ31億円を貯めた仕組み　お金の戦略』『できる若者は3年で辞める！伸びる会社はできる人よりネクストリーダーを育てる』『国際ビジネス・海外赴任で成功するための賢者からの三つの教え　今始まる、あなたのヒーローズ・ジャーニー』『もし、かけだしカウンセラーが経営コンサルタントになったら』『あなたの会社を永続させる方法』『海外直接投資の実務シリーズ』『「大きな会社」ではなく「強い会社」を作る　中小企業のための戦略策定ノート』ほか多数。

やっぱり「仕組み化」

2024年9月30日　初版第1刷発行

著　者　　久野 康成
発行所　　TCG出版
発行人　　久野 康成

発売所　　株式会社出版文化社

〈東京カンパニー〉
〒104-0033　東京都中央区新川1-8-8　アクロス新川ビル4階
TEL：03-6822-9200　FAX：03-6822-9202

［埼玉オフィス］　〒363-0001　埼玉県桶川市加納1764-5

〈大阪カンパニー〉
〒532-0011　大阪府大阪市淀川区西中島5-13-9　新大阪MTビル1号館9階
TEL：06-7777-9730（代）　　FAX：06-7777-9737

〈名古屋支社〉
〒456-0016　愛知県名古屋市熱田区五本松町7-30　熱田メディアウイング3階
TEL：052-990-9090（代）　　FAX：052-683-8880

印刷・製本　株式会社シナノパブリッシングプレス

©Yasunari Kuno 2024　Printed in Japan
Edited by : Yudai Yoshino

乱丁・落丁はお取り替えいたします。本書の無断複製・転載を禁じます。
本書に関するお問い合わせは、出版文化社東京カンパニーまでご連絡ください。
出版文化社の会社概要および出版目録はウェブサイトで公開しております。
また書籍の注文も承っております。→ https://www.shuppanbunka.com
定価はカバーに表示してあります。
ISBN978-4-88338-724-3　C0034